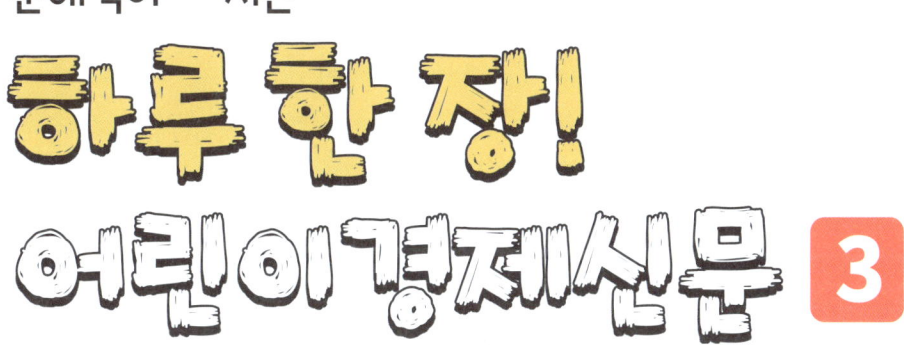

어린이 경제신문 / 진로N

머리말

'문해력 결핍 심각...모르는 단어, 유튜브로 찾아봐'

'고지식이 높은 지식인가요? 읽어도 이해 못하는 아이들'

'혼자서는 교과서도 읽을 수 없다. 심각한 교실'

모두 우리나라 초등학생들의 '문해력 저하'와 관련된 신문 기사 제목입니다. 문해력이란, 글을 읽고 이해하는 능력을 말합니다. 하지만 무분별한 디지털 기기 사용과 코로나 팬데믹에 의한 학습 격차 등 다양한 이유로 많은 아이들이 문해력을 상실해가고 있습니다.

문해력 저하는 단순히 어휘나 글을 모르는 것에서 끝나지 않습니다. 교과서 내용을 제대로 이해하지 못해 '학습 부진'을 겪을 수도 있고, 성적 하락이 자신감 하락으로 이어져, '교우 관계'에도 문제가 생길 수 있습니다. 이는 나아가 '사회성 발달'에도 영향을 미칠 수 있습니다.

이런 상황들을 방지하기 위해서라도 아이들의 문해력 향상을 위한 노력은 반드시 필요합니다.

그런 면에서 '신문'은 아이들의 문해력 향상을 돕는 매우 유용한 도구라고 할 수 있습니다. 세상에서 일어나는 다양한 분야의 정보들을 일목요연하게 정리해 제공함으로써, 머릿속 생각들을 확장시킬 수 있게 도와주기 때문입니다.

신문 읽기와 문해력은 떼려야 뗄 수 없는 관계입니다. 이는 세계 각국의 연구 결과를 통해서도 이미 증명돼 왔습니다.

독일 교육 연구소는 '정기적으로 신문을 읽는 학생들은 그렇지 않은 학생에 비해 평균적으로 20% 더 높은 독해력을 보였다.'라는 연구 결과를 발표했습니다.

또 미국 문해력 협회의 조사에선 '신문 읽는 습관을 가진 아이들은 그렇지 않은 아이들보다 비판적 사고력과 문제 해결 능력이 25% 더 높다.'라는 결과가 나왔습니다.

영국 교육부의 조사에 따르면, '문해력이 높은 학생들은 표준 학력 평가에서 평균 15% 이상 높은 성적을 받은 것'으로 나타났으며, 한국 교육개발원의 조사에선, '문해력이 뛰어난 학생들은 대학 진학률이 30% 더 높은 것'으로 나타났습니다.

〈하루 한 장! 어린이 경제신문〉은 실제 신문 기사 읽기를 통한 '3가지 문해력 훈련' 방법을 제시합니다.

첫째 경제, 사회문화, 환경, 과학 등 4가지 주제의 신문기사를 알기 쉽게 풀어내, 아이들이 꼭! 알아야 할 필수 상식을 풍성하게 채워줍니다. **둘째** 기사와 관련된 체계적인 유형의 활동지를 제공함으로써, 독해력과 사고력을 키워줍니다. **셋째** 매일 한 장, 부담 없이 읽기 연습과 문제 풀이를 할 수 있게 해, 꾸준한 학습 습관을 길러줍니다.

이 책을 통해 우리 아이들이 신문 읽기의 진정한 가치와 즐거움을 배우며, 문해력이 쑥쑥 자라는 놀랍고 행복한 경험을 하길 바랍니다.

박원배 어린이 경제신문 대표

〈하루 한 장! 어린이 경제신문〉 이렇게 활용해요!

- ✓ 본문을 읽기 전, 기사의 '핵심 개념'을 살펴봅니다.
- ✓ 분야별로 요약된 '기사 내용'을 꼼꼼히 읽어봅니다.
- ✓ 다양한 유형의 '퀴즈'를 풀며 내용을 복습합니다.
- ✓ 기사에 포함된 주요 '어휘'를 '한자'와 함께 익힙니다.

차례

- 머리말 ... 2

경제

- '망곰이'가 교과서에? 콜라보 마케팅 ... 10
- 따라쟁이 '미투 상품' ... 12
- 경제 움직이는 '공급'의 비밀! ... 14
- 공급의 반대편 '수요' ... 16
- 승진을 거절합니다! '언보싱' ... 18
- 정년, 65세로 미룰까요? ... 20
- 미리 생각해 봐요 '로봇세' ... 22
- 돌고~ 도는~ 경제의 혈액 '금융' ... 24
- 반품 무료? 사회적 비용은 유료! ... 26
- '파나마 운하' 미국 품으로? ... 28
- '자유무역'이 위기에 빠졌어요 ... 30
- 쇼핑 대신 '숏핑' 뜬다! ... 32

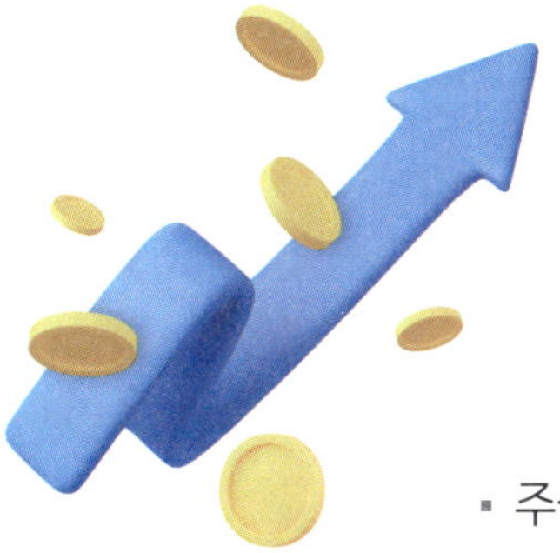

- 주식을 불태운다고?   34
- 영화관 팝콘이 비싼 이유   36
- 초등학생도 할 수 있어! '홈 알바'   38
- 1층으로 오세요~ '앵커 테넌트'   40
- '홈플러스'가 휘청인다   42
- 천 원=1환? '리디노미네이션'   44
- 명품 아니고 '듀프'야!   46
- 짜장면이 점점 비싸지는 이유는?   48

사회 문화

- '원영적 사고'는 위기 해결사!   52
- 사물놀이가 현대 국악이라고!?   54
- K-컬처로 '데일리케이션' 뜬다!   56
- '콜로세움'에서 검투사 체험을?   58
- '고물'인 줄 알았더니 '보물'   60
- 궁금해요! '큐레이터'와 '도슨트'   62
- '금강산' 찾아가자, 고성으로~♪   64
- 시대 따라 뜻도 변한 '미다스의 손'   66
- JTBC '중계권 독점' 괜찮을까?   68
- 2025년, 고교학점제 시작!   70

환경

- 인공눈물 속 '미세 플라스틱' 경보!   74
- 친환경 제품은 왜 더 비쌀까?   76
- 불꽃 축제, 그 화려함의 뒷면   78
- '반려동물 보유세' 필요할까?   80
- 소비 줄이기, 오늘부터 1일~   82
- 전쟁의 숨은 희생자, 환경   84
- 기업도 '플라스틱 다이어트' 해요   86
- 씨앗 지킴이 '국제종자금고'   88
- 차 없는 날? 지구 살리는 날!   90
- '콩 모라토리엄'을 지켜 줘   92

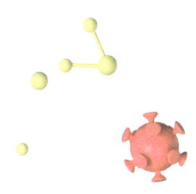
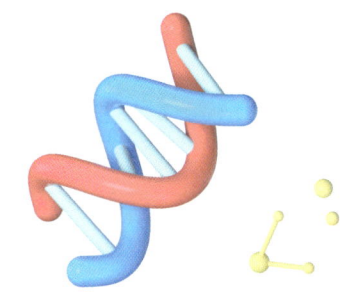

과학

- 중력의 힘으로 달려라! 96
- 미래 AI를 위한 4가지 비밀 무기 98
- 밀거래 막는 '동물 파트너' 등장! 100
- 아스피린 원료가 버드나무? 102
- 감정까지 읽는 '페이스테크' 104
- 이혼하는 새, 결혼 못하는 거북 106
- 스파이더맨 거미줄 '발사부착탄' 108
- 겨울 화단 속 '꽃양배추'의 비밀 110
- 아무도 몰랐던 생수병의 진실! 112
- 가습기살균제 피해, 빅데이터로 증명 114

부록

- 요모JO모 뉴스 118
- 정답 126

경제

경제

'망곰이'가 교과서에? 콜라보 마케팅

> **개념 쏙쏙!** **3B**
>
> 광고 용어로 Baby(아기), Beast(동물), Beauty(아름다움 또는 미인)를 말해요.
> 이 셋을 광고 소재로 삼으면 성공 가능성이 높다고 알려져 있어요.

취향 잡고, 거리감 줄인 '망곰이 교과서'

▲ [출처=지학사]

'교과서' 하면 지루하고 딱딱하다는 생각부터 먼저 들게 마련인데요. 얼마 전, 우리나라 교과서 회사 한 곳이 틀을 깨는 시도에 나섰어요. 귀여운 동물 캐릭터들로 교과서 표지를 장식한 거예요.

주인공은 망그러진 곰과 친구들. 카카오 이모티콘으로 우리에게 익숙한 친구들이죠. 책 그림만 보면 교과서인지 만화책인지 헷갈릴 정도입니다.

망곰이가 들어간 교과서는 초등 3~4학년 과정 3개 과목이에요. 아기 망곰이의 나이가 여섯 살이니까, 교과서를 사용할 초등학생들에게는 유치원 동생뻘이죠. 가까운 나이대의 캐릭터가 주인공이기 때문에, 초등학생들은 책에 친근함을 느낄 수 있어요. 또한 망곰이의 등장으로 교과서가 주는 특유의 압박감도 크게 줄어드는 효과가 있어요. 예쁜 아기인 망그러진 곰을 교과서 표지에 등장시킨 것은 3B를 활용한 좋은 사례예요.

서로 다른 둘이 만나는 '컬래버레이션'

이처럼 각기 다른 요소들을 하나의 제품 속에 묶어내는 것을 '컬래버레이션(Collaboration·협업)'이라고 해요. 짧게 줄여 '콜라보'라고도 부르죠. 뜻밖의 조합으로 뭉치는 콜라보 마케팅은 광고와 판매에서의 혁신★은 물론, 우리 사회의 통념★을 깨는 역할까지 하고 있어요.

그렇지만 콜라보가 항상 성공하는 건 아니에요. 영역이 다른 상품이나 서비스의 결합이기 때문에, 피할 수 없는 어색함도 생겨요. 콜라보의 성공과 실패는 '어울림의 정도'에 달렸다고 할 수 있어요. 즉, '융합★'이 핵심 열쇠죠. 최대한 조화를 이뤄냈을 때, 효과도 그만큼 커지니까요.

기사를 읽고 퀴즈를 풀어보세요!

1 빈칸에 알맞은 단어를 채워 문장을 완성해 보세요.

☐☐☐☐☐ 은 각기 다른 요소들을 하나의 제품 속에 묶어내는 것을 말해요. 우리말로는 ☐☐ 이라고 합니다.

2 다음 내용을 읽고 맞으면 O, 틀리면 X를 표기하세요.

- 광고업계에서 3B는 Baby, Beast, Beauty를 뜻한다. ( )
- 콜라보 성공의 핵심 열쇠는 '통일성'이다. ( )

3 주변에서 찾아볼 수 있는 '콜라보' 상품을 조사한 뒤 성공작인지 실패작인지 따져보고, 그렇게 생각한 이유를 써보세요.

_____

_____

_____

문해력 쑥쑥! 어휘사전

★ **혁신** | 묵은 풍속, 관습, 조직, 방법 따위를 완전히 바꾸어서 새롭게 함

★ **융합** | 다른 종류의 것이 녹아서 서로 구별이 없게 하나로 합해지거나 그렇게 만드는 것, 또는 그런 일

★ **통념** | 일반적으로 널리 통하는 개념

✎ 본문에 나온 한자어 '통념'을 활용한 예문을 작성해 보세요.

예시 통념(通念: 통할 '통', 생각 '념')
 통념을 뒤집어 생각해 보자.

_____

_____

경제

따라쟁이 '미투 상품'

개념 쏙쏙! 카피캣(Copy Cat)

'따라하는 사람', '흉내쟁이'라는 뜻으로, 경제 분야에서 널리 쓰이는 표현이에요. 새끼 고양이가 어미의 사냥하는 모습을 흉내 내며 배우는 모습에서 나온 단어라고 알려져 있어요.

인기 상품 따라 만든 '미투 상품'

마트에 가보면 색깔과 디자인, 맛까지 비슷한데 회사는 제각각인 과자들이 너무 많아요. 한창 인기몰이를 했던 '먹태깡'을 생각해 보면 이해하기 쉬울 거예요. 어떤 상품이 소비자 사이에서 큰 인기를 끌면, 곧이어 다른 업체에서도 기능·재료·상품명 등을 비슷하게 만든 제품을 시장에 내놓아요. 바로 '미투 상품'이죠. 미투 상품은 경쟁사의 인기 상품을 교묘히 따라 해,

그 인기에 편승*하려는 상품을 말해요. 미국 애플사의 최고경영자였던 스티브 잡스는 애플 제품을 따라 하는 미투 상품을 두고 '카피캣'이라고 비판하기도 했어요.

미투 상품은 다양한 분야에서 기업이 활발히 활용하는 마케팅* 전략입니다. 인기나 유행에 편승해 짧은 시간에 사람들의 관심을 빠르게 얻을 수 있다는 강점이 있어요. 이를 통해 매출을 높이거나 브랜드를 알리는 등 기업의 이익을 높일 수 있죠.

미투 상품 범람*에 창의성이 사라져요

신제품 하나를 출시하기 위해선 수많은 연구와 개발이 필요합니다. 여기에 들어가는 비용과 인력도 만만치 않죠. 게다가 출시해도 대중의 관심을 얻지 못할 위험도 있어요. 미투 상품은 유행하는 상품을 따라 만들면 되니, 연구와 개발에 드는 비용을 효과적으로 줄일 수 있습니다. 또 대중의 인기나 인지도*가 이미 확인되었기 때문에, 실패 위험도 줄일 수 있어요.

하지만, 경계*해야 할 문제가 있습니다. 마트에 갔는데, 과자 코너가 온통 먹태깡 뿐이라면 어떨까요? 아마 금방 질리고 말 거예요. 또한 생산자가 미투 상품에만 지나치게 의존하면, 새로운 상품의 연구와 개발에 소극적으로 될 수 있어요. 다양하고 재미있는 아이디어가 무시당하고, 무조건 유행만을 따르게 되는 것입니다.

기사를 읽고 퀴즈를 풀어보세요!

1 다음 문장이 설명하고 있는 '이것'은 무엇인가요?

이것은 어떤 상품이 소비자 사이에서 큰 인기를 끌 때, 곧이어 다른 업체에서 기능·재료·상품명 등을 비슷하게 만들어 시장에 내놓는 제품을 말합니다.

☐☐☐ ☐☐

2 다음 중 틀린 것을 고르세요. (　　)

① 미투 상품은 기업이 활발히 활용하는 마케팅 전략이다.
② 기업은 미투 상품 출시로 연구와 개발에 드는 비용을 줄일 수 있다.
③ 미투 상품이 인기를 얻으면 기업이 유행만을 따르게 될 수 있다.
④ 미투 상품은 기업의 정체성을 확고하게 해 준다.

3 빈칸에 알맞은 단어를 채워 문장을 완성해 보세요.

미투 상품은 다양한 분야에서 기업이 활발히 활용하는 ☐☐ 전략입니다. 인기나 유행에 편승해 비교적 짧은 시간에 사람들의 관심을 빠르게 얻을 수 있다는 강점이 있어요. 이를 통해 매출을 높이거나 브랜드를 알리는 등 기업의 이익을 높일 수 있습니다.

문해력 쑥쑥! 어휘사전

★ **편승** | 남이 타고 가는 차편을 얻어 탐. 남의 힘을 이용해 자신의 이익을 거둠

★ **마케팅** | 상품 또는 서비스를 효율적으로 소비자에게 제공하기 위한 홍보 활동

★ **범람** | 큰물이 흘러넘침. 바람직하지 못한 것들이 마구 쏟아져 돌아다님

★ **인지도** | 어떤 사람이나 물건을 알아보는 정도

★ **경계** | 옳지 않은 일이나 잘못된 일들을 하지 않도록 타일러서 주의하게 함

✏️ 본문에 나온 한자어 '편승'을 활용한 예문을 작성해 보세요.

예시 편승(便乘: 편할 '편', 탈 '승')
유행에 **편승**해서 무조건 따라하는 건 지양해야 한다.

경제

경제 움직이는 '공급'의 비밀!

> **개념 쏙쏙!** 수요*와 공급*
>
> 소비자가 어떤 물건이나 서비스를 일정한 가격으로 사려는 욕구*를 '수요'라고 하고, 기업이 물건이나 서비스를 제공하는 것을 '공급'이라고 해요.
> '수요 없는 공급'이란 아무도 갖고 싶어 하지 않는 물건이나 서비스를 제공하는 것을 뜻해요.

포켓몬 빵으로 '공급' 익히기!

▲ [출처=SPC삼립]

인간은 필요한 물건을 구매하고, 쓰면서 살아가요. 그러려면 물건을 구할 수 있어야겠죠? 이때 필요한 것이 '공급'이에요.

포켓몬 빵을 예로 들어 생각해 볼까요? 포켓몬 빵은 경기도에서 한 기업이 만들어요. 그 빵을 우리가 사서 먹는 거죠. 그렇다면, '경기도의 공장에서 빵을 만든 것'이 빵의 모든 공급 과정일까요? 아닙니다. 경제의 눈으로 보면 '공급'은 훨씬 큰 개념이에요.

생산-유통-마케팅까지…기나긴 과정 '공급'

공급은 공장에서 모은 재료로 제품을 만들어내는 과정(생산), 재료를 공장까지 나르고, 완성한 제품을 판매점이나 창고 등 목적지까지 옮기는 활동(유통*). 그리고 제품을 소비자에게 알리는 홍보 활동(마케팅) 모두를 아우른 말이에요. 최근 여러 기업이 제품의 포장지나 용기를 다시 수거하고 재활용하기 쉽게 하는 일도 생산 과정부터 반영하기 시작했습니다. 이때는 '폐기와 재활용'도 공급 과정으로 볼 수 있죠.

우리는 일상에서 다양한 제품과 서비스를 구매합니다. 일정한 가격을 내고 물건을 가지고 쓰거나, 서비스를 제공받아요. 다시 말해, 우리가 내는 가격에는 앞서 살펴본 모든 공급 과정의 '대가'가 작게 나뉘어 들어가 있다는 뜻이에요.

한 손으로 가볍게 들 수 있는 빵 한 개. 그 속에 담긴 기나긴 시간과 수많은 경제 활동을 생각해 보세요. 공급이라는 두 글자가 훨씬 신비하고, 재미있게 다가올 거예요.

기사를 읽고 퀴즈를 풀어보세요!

1 빈칸에 알맞은 단어를 채워 문장을 완성해 보세요.

공급은 공장에서 모은 재료로 제품을 만들어내는 과정(   ), 재료를 공장까지 나르고, 완성한 제품을 판매점이나 창고 등 목적지까지 옮기는 활동(   ). 그리고 제품을 소비자에게 알리는 홍보 활동(   ) 모두를 아우른 말이에요.

2 다음을 읽고 맞으면 O, 틀리면 X를 표기하세요.

- '수요 없는 공급'이란 누구나 갖고 싶어 하는 물건이나 서비스를 제공하지 못하는 것을 말한다. (   )
- 우리가 내는 가격에는 모든 공급 과정의 '대가'가 작게 나뉘어 들어가 있다. (   )

3 다음 문장을 읽고 괄호 안에 알맞은 단어를 골라 동그라미 치세요.

소비자가 어떤 물건이나 서비스를 일정한 가격으로 사려는 욕구를 (수요, 공급), 기업이 물건이나 서비스를 제공하는 것을 (수요, 공급)이라고 합니다.

문해력 쏙쏙! 어휘사전

- ★ **수요** | 물건이나 서비스를 일정한 가격으로 사려고 하는 욕구
- ★ **공급** | 교환하거나 판매하기 위해 시장에 물건이나 서비스를 제공하는 일. 또는 그 제공된 상품의 양
- ★ **욕구** | 어떤 것을 얻거나 하고자 바라는 것
- ★ **유통** | 상품 따위가 생산자에서 소비자, 수요자에 도달하기까지 여러 단계에서 교환되고 분배되는 활동

✏️ 본문에 나온 한자어 '유통'을 활용한 예문을 작성해 보세요.

| 예시 | 유통(流通: 흐를 '유', 통할 '통')
유통 기한은 지났지만 소비 기한은 남았으니까 먹어도 괜찮아.

경제

공급의 반대편 '수요'

> **개념 쏙쏙!** **거래★**
>
> 경제에서는 상품이나 서비스가 서로 교환되는 활동을 뜻해요. 개인, 기업, 또는 국가 간에 이루어질 수 있으며, 거래를 통해 경제 활동이 활성화돼요. 물건을 사고 파는 행위, 서비스를 제공하고 대가를 받는 행위 등이 거래에 해당합니다.

포켓몬 빵의 수요와 공급

공급이 생산자의 활동이라면, 수요는 소비자의 활동이에요. 수요는 소비자가 물건이나 서비스를 사려는 욕구입니다. 그런데, 갖고 싶어 하는 욕구가 모두 수요인 건 아니에요. 실제로 소비자가 물건을 살 생각과 능력이 있어야 합니다.

포켓몬 빵이 먹고 싶어서 편의점에 갔는데, 워낙 인기가 많아서 다 팔린 상황이라 그냥 돌아왔다면? 소비자가 다

▲ [출처=SPC삼립]

른 물건을 사려는 마음이 없으니, 실제 수요는 발생★하지 않았어요. 하지만 만약 포켓몬 빵이 있었다면 당연히 구입했을 테니, 수요가 발생했을 거예요. 또한, 소비자는 '포켓몬 빵이 1,500원이면 2개를 사고, 1,800원이면 1개만 산다.'라고 생각할 수 있어요. 이처럼, 가격에 따라 반응이 달라지는 것은 수요의 중요한 특징이에요.

수요와 공급은 경제의 핵심!

공급과 수요, 둘이 만나면 거래가 발생합니다. 수요와 공급의 균형을 통해 물건과 서비스가 시장에서 거래되는 가격과 수량이 결정되고, 시장이 생겨나요.

좋은 제품을 찾고, 필요한 물건을 구매하는 건 우리가 자연스럽게 하는 일이에요. 그런데 굳이 이처럼 복잡하게 생각해야 할 필요가 있을까 하는 의문이 들 수 있어요. 하지만 생산자의 다양한 마케팅 전략★, 시시때때로 바뀌는 시장의 유행, 경기에 따라 열리고 닫히는 소비자의 지갑. 이런 모든 활동이 수요와 공급에 바탕을 두고 있어요. 이 두 개념은 경제의 핵심이며, 소비자와 생산자의 활동을 이해하는 첫걸음입니다. 그러니 꼭 알아두는 게 좋겠죠?

기사를 읽고 퀴즈를 풀어보세요!

1 기사를 읽고 빈칸에 알맞은 단어를 채워 문장을 완성해 보세요.

수요와 공급은 ☐☐ 의 핵심이며, 소비자와 생산자의 ☐☐ 을 이해하는 첫걸음입니다.

2 기사를 읽고 맞으면 O, 틀리면 X를 표기하세요.

- 공급과 수요가 만나면 욕구가 발생한다. ( )
- 모든 경제 활동은 수요와 공급에 바탕을 두고 있다. ( )

3 포켓몬 빵의 수요가 발생하려면 누가 어떻게 해야 할지 자유롭게 생각해 써보세요.

....
....
....
....

문해력 쑥쑥! 어휘사전

★ **거래** | 주고받음. 또는 사고팖

★ **전략** | 정치, 경제 따위의 사회적 활동을 하는 데 필요한 책략

★ **발생** | 어떤 일이나 사물이 생겨남

갈 '거', 올 '래'	필 '발', 날 '생'	싸움 '전', 다스릴 '략'
去來	發生	戰略

💬 본문에 나온 한자어를 소리 내어 읽고 써보세요.

17

경제

승진을 거절합니다! '언보싱'

> **개념 쏙쏙!** 의도적 언보싱(Conscious Unbossing)
>
> 관리자나 임원 등 더 높은 책임이 따르는 자리로 승진하는 것을 의도적*으로 지연하거나 거부하는 경향을 말해요. 예전처럼 명예와 지위를 목표로 삼던 승진 문화와 반대되는 새로운 현상입니다.

"관리자? 절대 안 할래요!"

회사에는 다양한 직급*이 있습니다. 일반적으로 일하는 기간이 길수록, 능력을 인정받을수록 직급이 높아져요. 이를 '승진'이라고 합니다. 그만큼 임금도 늘어나니, 일반적인 생각으로는 그저 '좋은 일'이에요. 그런데, 이 승진을 미루거나 아예 거부하는 사람이 늘어나고 있다고 해요. '의도적 언보싱(이하 언보싱)'은 일부러 승진을 거부하거나 최대한 늦추려는 것입니다. 현재 젊은 성인 직장인을 구성하는 Z세대(1990년대 후반~2010년 초반 출생 세대)에서 나타나는 현상이에요.

승진을 거부하는 이유

"돈을 더 벌더라도 싫다!"라고 외치는 언보싱. 가장 큰 이유는 책임과 부담의 증가입니다. 직급이 올라갈수록 책임져야 할 일이 늘어나니, 스트레스도 커져요. 임금이 높아지는 건 이에 대한 적절한* 보상이 되지 못한다고 보기에, 승진을 거부하는 것이죠.

개인 삶의 질과 일 사이 균형(워라밸, Work-Life Balance)을 중요하게 생각하는 사람이 많아진 것도 언보싱이 나타난 이유로 꼽혀요. 높은 연봉보다 개인 능력을 키우고, 쉬고, 가족이나 친구와 시간을 보내는 것을 더 선호*하는 것입니다.

그렇지만, 고용하는 쪽인 회사 입장에서는 언보싱이 썩 달갑지 않아요. 능력이 있다고 보고 일을 맡기려는데, 직원이 거부하는 상황이니까요. 근로자 입장에서는 '발전 의지가 부족한 사람'이라는 부정적인 이미지가 생길 위험성이 있고, 새로운 경험의 기회를 놓치는 면도 있죠. 무엇보다 승진은 임금 상승과 연관되니, 언보싱으로 인한 경제적인 불리함을 피하기 어려워요. 언보싱에 따른 장단점입니다.

기사를 읽고 퀴즈를 풀어보세요!

1 단어에 관한 설명을 토대로, 퍼즐 속에 숨은 어휘를 찾아 동그라미 치세요.

백	두	산	들	조	토
전	이	대	안	언	론
백	왜	가	리	보	수
승	진	울	대	싱	글
리	화	음	악	보	거
호	미	보	상	온	부

① 직위의 등급이나 계급이 오름 (2자)
② 행위를 촉진하기 위해 주는 물질이나 칭찬 (2자)
③ 더 높은 책임이 따르는 자리로 승진하는 것을 의도적으로 늦추거나 거부하는 경향. 의도적 ○○○ (3자)
④ 요구나 제의 따위를 받아들이지 않고 물리침 (2자)

문해력 쑥쑥! 어휘사전

★ **의도적** | 무엇을 하려고 꾀하는 것

★ **적절하다** | 꼭 알맞다

★ **직급** | 조직 내의 서열

★ **선호** | 여럿 가운데서 특별히 가려서 좋아함

✏️ 본문에 나온 한자어 '의도적'을 활용한 예문을 작성해 보세요.

예시 의도적(意圖的: 뜻 '의', 그림 '도', 과녁 '적')
실수를 감추려고 **의도적**으로 말을 돌린 거지?

경제

정년, 65세로 미룰까요?

개념 쏙쏙! 정년

나이가 많이 들어서 직장에서 물러나도록 정해진 연령을 말해요. 우리나라 법에서는 60세 이상을 정년으로 정하도록 하고 있어, 60세를 정년으로 정한 기업이 많아요. 이때가 되어 일자리에서 물러나는 것을 '정년퇴직'이라고 해요.

노인은 늘고, 청년은 줄고

 우리나라는 2017년부터 전체 인구의 14% 이상이 65세 이상 노인인 '고령사회'에 접어들었습니다. 2025년부터는 전체 인구의 20% 이상이 노인인 '초고령사회'로 들어설 전망이에요. 반면, 태어나는 아기의 수는 점점 줄고 있어요. 통계청에 따르면 2023년 태어난 아이는 약 23만 명. 2010년의 절반 규모입니다.
 노인은 늘고, 아기가 줄어든다는 것은 곧 미래에 나라 경제를 이끌 노동력이 부족해지는 것을 의미해요. 그래서 정년을 늘려, 일할 수 있는 인구를 보태야 한다는 목소리가 커지고 있어요.

'소득 크레바스' 해소…기업 경영에 부담

 '크레바스(Crevasse)'란 빙하나 눈 골짜기가 갈라지며 생기는 깊은 틈입니다. 이에 빗댄 말 '소득 크레바스'는 정년퇴직 후 국민연금을 받기 전까지 생기는 '소득 공백* 기간'을 의미해요. 정년은 60세부터인데, 국민연금을 받을 수 있는 나이는 65세부터이기에 발생하는 틈이죠.
 60세에 은퇴하면 65세까지는 회사의 급여도 없고, 국민연금도 받을 수 없어요. 하지만 정년을 연장한다면, 연금이 나올 때까지 생활이 안정돼요. 국민연금을 내는 기간도 길어지니, 청년들의 국민연금 납부 부담도 조금은 덜 수 있을 거예요. 반대로, 기업은 직원이 더 오래 근무하게 되니, 지급*해야 하는 급여가 많아질 것을 걱정해요.
 최근 행정안전부가 60세인 공무직* 정년을 65세까지 단계적*으로 연장하기로 하며 주목받고 있어요. 과연, 이 정책이 우리 사회에 변화를 일으킬 수 있을까요?

기사를 읽고 퀴즈를 풀어보세요!

1 단어에 관한 설명을 토대로, 퍼즐 속에 숨은 어휘를 찾아 동그라미 치세요.

한	국	민	연	금	조
강	제	소	중	미	정
급	식	득	독	말	년
여	유	임	전	무	퇴
학	교	실	주	연	직
생	활	내	과	장	기

① 노령·장애·사망 따위로 소득을 얻을 능력이 없어졌을 때 국가가 생활 보장을 위해 정기적으로 지급하는 금액 (4자)
② 일정 기간 동안의 근로 사업이나 자산의 운영 따위에서 얻는 수입 (2자)
③ 일에 대한 대가로 고용주가 지급하는 돈 (2자)
④ 시간이나 거리 따위를 본래보다 길게 늘림 (2자)
⑤ 정년이 되어 일자리에서 물러남 (4자)

문해력 쑥쑥! 어휘사전

★ **공백** | 아무것도 없이 비어 있음

★ **지급** | 돈이나 물품 따위를 정해진 몫만큼 내줌

★ **공무직** | 국가나 공공단체의 일을 맡은 직위나 직무

★ **단계적** | 일의 차례를 따라 나아가는

빌 '공', 흴 '백'	지탱할 '지', 줄 '급'	공평할 '공', 힘쓸 '무', 직분 '직'	조각 '단', 층계 '계'
空白	支給	公務職	段階

💬 본문에 나온 한자어를 소리 내어 읽고 써보세요.

경제

미리 생각해 봐요 '로봇세'

개념 쏙쏙! 로봇세
로봇의 노동이 만들어내는 경제적 가치에 매기는 세금을 말해요. 일반적으로 로봇을 보유*한 사람이나 로봇을 사용하는 기업으로부터 거두는 세금을 뜻해요.

로봇세가 뭐죠?

음식점에서 서빙 로봇을 본 적이 있나요? 무인 카페에서 로봇이 커피를 만들어주기도 하고, 청소 로봇이 바닥 청소를 해주기도 해요. 로봇은 우리 생활 곳곳에 사용되고 있답니다. 그런데, 편리한 로봇이라도 늘어나면서 생기는 문제가 있어요. 바로 로봇이 사람들의 일자
리를 대체*하게 된다는 점이에요. 결과적으로 많은 사람이 일자리를 잃을 수 있어요.

로봇세는 이런 미래 상황에 대비하기 위해 제안된 대책입니다. 핵심은 로봇·인공 지능을 보유하거나 사용하는 데 세금을 매기는 것, 그리고 이렇게 거두어들인 세금으로 직업을 잃은 사람을 교육하는 등 사회적 부작용*을 줄이는 데 사용하는 거죠.

⭕ 찬성합니다

빌 게이츠, 마이크로소프트 창업자

로봇 때문에 사람들이 일자리를 잃으면 세금도 줄어요. 세금이 줄어들면 정부가 꼭 필요한 곳에 써야 하는 돈도 부족해져요.

빌 게이츠는 로봇이 일한 만큼 세금을 매겨서, 로봇이 만들어낸 이익을 사회에 다시 돌려주자고 주장해요. 로봇세를 통해 모은 돈으로 재교육* 프로그램을 지원하면, 사람들이 새로운 분야에서 일할 기회를 만들 수 있다고 보았어요.

❌ 반대합니다

일론 머스크, 테슬라 CEO

일론 머스크는 로봇세를 매기면 기업들이 로봇 사용을 꺼리게 돼, 생산성*이 크게 줄어들 것으로 보았어요. 반대로 로봇 기술의 발전은 생산성을 크게 높여서, 장기적으로 경제에 더 큰 도움이 될 것이라고 주장합니다. 기술 발전을 통해 새로운 산업이 생기고, 사람들이 로봇을 활용해 더 많은 일을 할 수 있게 돼, 경제가 더욱 성장한다고 생각해요.

기사를 읽고 퀴즈를 풀어보세요!

1 빈칸에 알맞은 단어를 채워 문장을 완성해 보세요.

로봇의 노동이 만들어내는 경제적 가치에 매기는 세금을 ☐☐ 라고 합니다. 일반적으로 로봇을 소유한 사람이나 로봇을 사용하는 기업으로부터 거둡니다.

2 다음 내용을 읽고 맞으면 O, 틀리면 X를 표기하세요.

- 빌 게이츠는 로봇이 일한 만큼 세금을 매겨서, 로봇이 만들어낸 이익을 기업에 다시 돌려주자고 주장해요. (　)
- 일론 머스크는 로봇 기술의 발전이 생산성을 크게 높여서, 장기적으로 경제에 더 큰 도움이 될 것이라고 주장해요. (　)

3 여러분은 로봇세에 대해 어떤 생각을 가지고 있나요? 찬성 또는 반대 이유를 자유롭게 써 보세요.

문해력 쑥쑥! 어휘사전

★ **보유** | 가지고 있거나 간직하고 있음

★ **대체** | 다른 것으로 대신함

★ **부작용** | 어떤 일에 부수적으로 일어나는 바람직하지 못한 일

★ **재교육** | 이미 어떤 지식이나 기능의 습득이 끝난 사람에게 다시 교육함

★ **생산성** | 어떤 생산 요소가 생산에 이바지한 정도나 그 효율성

✏ 본문에 나온 한자어 '보유'를 활용한 예문을 작성해 보세요.

예시　보유(保有: 지킬 '보', 있을 '유')
　　　　우리나라는 페이커 **보유**국이라고!

경제

돌고~ 도는~ 경제의 혈액 '금융'

> **개념 쏙쏙!** 금융
>
> 돈을 빌려 주고 빌려 쓰는 거래를 말해요. 은행 같은 금융기관은 저축자와 투자자를 연결시켜, 경제의 원활*한 흐름을 촉진하는 구실을 해요.

돈의 흐름 '금융'

① 우리 부모님은 회사에서 열심히 일하고 월급을 받거나, 장사해서 돈을 벌어요. 그리고 이 돈의 일부를 은행에 저축합니다.

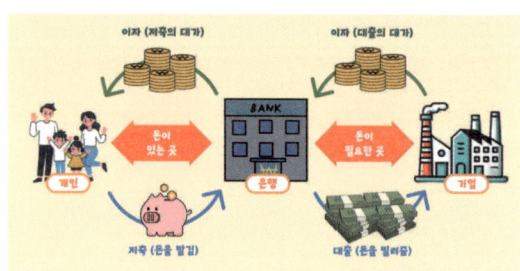

② 은행은 이 돈을 그대로 보관하지 않아요. 기업이나 개인에게 빌려주고(이를 '대출'이라고 해요), 그 대가로 (대출)이자를 받습니다.

③ 물론, 돈을 맡아서 보관하고 활용하는 데 대한 대가도 지불해요. 은행은 일정 기간마다 부모님에게 (저축)이자를 지급*해요.

④ 이 과정은 계속해서 반복됩니다. 그러니, 은행은 돈이 남아도는 곳에서 필요한 곳으로 옮기는 매개체* 역할을 한다고 볼 수 있어요.

위 내용처럼 돈이 움직이는 과정을 금융이라고 해요. 우리 사회와 경제가 사람의 몸이라면, 금융은 몸 곳곳을 흐르는 '혈액'에 비유하고는 한답니다.

경제의 심장 '금융기관'

은행처럼 금융을 다루는 기업을 금융기관(금융회사)이라고 해요. '심장'과 비슷한 역할이죠. 사람의 몸에서 심장이 멈추고 혈액이 순환*하지 않으면, 아픈 것은 물론이고 목숨을 잃을 수도 있어요. 경제와 금융도 비슷합니다. 세계를 휩쓸 신기술을 개발했는데, 제품을 만들 자본금*이 부족한 기업을 상상해 봐요. 금융기관이 없다면 자금을 빌리기가 무척 어려울 거예요.

금융은 경제가 원활하게 움직이게 합니다. 금융이 멈춘다면, 경제도 얼어붙고 제대로 움직이지 않아요. 금융은 우리 일상과 직접 연결되는 서비스이며, 경제의 중요한 톱니바퀴입니다.

기사를 읽고 퀴즈를 풀어보세요!

1 다음 괄호에 들어갈 공통 단어는 무엇인가요?

은행은 기업이나 개인에게 돈을 빌려주고, 그 대가로 대출(　　)를 받습니다. 또한 은행에 돈을 저축한 기업이나 개인에게는 그 대가로 저축(　　)를 지급합니다.

2 다음 중 금융에 대한 설명으로 틀린 것은 무엇인가요? (　　)

① 돈을 빌려 주고 빌려 쓰는 거래를 말해요.
② 돈이 오가는 큰 흐름이에요.
③ 경제를 원활하게 움직이게 해요.
④ 금융을 다루는 기업을 금융대출이라고 해요.

문해력 쑥쑥! 어휘사전

★ **원활** | 거침이 없이 잘돼 나감
★ **순환** | 주기적으로 자꾸 되풀이해 돎
★ **지급** | 돈이나 물품 따위를 정해진 몫만큼 내줌
★ **자본금** | 이익을 얻기 위해 사업에 투자한 돈
★ **매개체** | 둘 사이에서 어떤 일을 맺어 주는 것

✏️ 본문에 나온 한자어 '원활'을 활용한 예문을 작성해 보세요.

예시　원활(圓滑: 둥글 '원', 미끄러울 '활')
　　　오늘 아침 고속도로는 **원활**한 흐름을 보이고 있다.

경제

반품 무료? 사회적 비용은 유료!

> **개념 쏙쏙!** 사회적 비용
> 생산이나 거래 과정에서 발생하는 금액을 개인과 사회 전체에 부담시키는 비용을 말해요.

무료 반품에 충동구매 늘어요

온라인 쇼핑몰이 수없이 늘면서 고객을 확보*하기 위한 기업 간 경쟁이 뜨거워요. 특히 알리·테무 등 싼 가격을 앞세운 중국의 전자상거래 기업이 한국으로 들어오면서, 국내 기업에 큰 위협이 되고 있죠.

무료 반품 서비스는 치열한 경쟁에서 살아남기 위해 기업이 선택한 중요한 전략 중 하나입니다. 최근에는 많은 온라인 쇼핑몰이 매월 일정한 구독료*를 내는 정기구독 서비스에 가입한 회원을 대상으로, 무료 반품 서비스를 제공하고 있어요.

국내 주요 3사 쇼핑몰(CJ ENM, GS리테일, 현대홈쇼핑)의 반품 비율을 조사한 결과는 놀라웠어요. 2020년 9.5%에서 2023년 11.9%로 증가했죠. 무료 반품 때문에 상품을 충동 구매하는 사람이 많아진 것이 원인으로 분석돼요. 마음에 드는 상품을 보면 일단 배송 받은 다음, 실물을 확인하고 맘에 들지 않으면 돌려보내면 되니까요.

무료 반품, 진짜 '무료'일까?

기업은 무료 반품 서비스로 발생하는 부담을 '사회적 비용'으로 충당*해요. 한 예로, 쿠팡은 늘어난 반품으로 인한 손해를 줄이기 위해 정기구독 서비스(쿠팡와우)에 가입한 회원의 구독료를 서서히 올렸어요. 2021년 2,900원에서 시작해, 현재는 7,890원으로 올랐습니다.

늘어나는 반품으로 인한 사회적 비용은 또 있어요. 환경오염입니다. 상품을 수없이 보내고 반품하는 과정에서 박스와 비닐, 테이프, 완충제 등 쓰레기가 늘어나요. 배송과 반품을 위한 차량 운행 횟수도 증가하니, 연료도 더 많이 쓰게 됩니다. 결국 반품이 늘어날수록, 우리 사회 전체의 경제적·환경적 부담도 커집니다. 이처럼 사회적 비용이 발생하는 무료 반품. 많이 해서 좋을 게 없겠죠?

기사를 읽고 퀴즈를 풀어보세요!

1 다음 설명 중 맞는 것을 고르세요. (   )

① 중국 기업 테무는 고가의 맞춤형 서비스를 제공한다.
② 쿠팡와우의 무료 반품 서비스는 모든 사람에게 제공된다.
③ 무료 반품 서비스는 불필요한 소비를 줄이므로 환경오염에 영향을 주지 않는다.
④ 무료 반품 서비스로 사회적 비용이 발생한다.

2 다음 문장을 읽고 괄호 안에 알맞은 단어를 골라 동그라미 치세요.

기업은 무료 반품 서비스로 발생하는 부담을 사회적 (구독 , 비용)으로 충당해요. 무료 반품으로 발생한 비용이 구독료 인상을 통해 소비자에게 넘겨지고, 환경 부담도 커집니다.

3 무료 반품 서비스처럼 우리도 모르게 '사회적 비용'이 들어가는 사례를 찾아 적어보세요.

문해력 쑥쑥! 어휘사전

★ **확보** | 확실히 가지고 있음

★ **충당** | 모자라는 것을 채워 메움

★ **구독료** | 신문, 잡지나 서비스 따위를 정기적으로 받아 보기 위해 지급하는 돈

✎ 본문에 나온 한자어 '충당'을 활용한 예문을 작성해 보세요.

예시 **충당**(充當: 채울 '충', 마땅 '당')
여행비를 **충당**하려면 얼마나 더 모아야 하지?

경제

'파나마 운하' 미국 품으로?

> **개념 쏙쏙!** 운하
> 배가 다닐 수 있도록 만든 인공* 뱃길을 말해요.

미국 "우리가 지었으니 우리 거야!"

남·북아메리카를 이어주는 길목에 위치한 조그만 국가, 파나마(Panama). 얼마 전부터 이곳이 국제 뉴스의 중심으로 떠오르기 시작했어요. 시작은 지난 1월 도널드 트럼프 미국 대통령의 취임식 때부터였어요. 그는 취임 연설에서 "파나마 운하를 되찾아오겠다."라고 선포*한 거예요.

사정은 이렇습니다. 파나마 운하는 미국이 지었어요. 개통 후 운영과 관리도 미국이 했어요. '땅'은 파나마에 속해 있었지만, '물길'은 미국 소유였죠. 그러다 기술 발달로 배의 크기가 점점 커지면서 운하를 통과하지 못하는 선박이 늘어나자, 그만큼 운하의 가치가 줄었어요. 그래서 미국은 운하를 파나마에 넘겨줬어요. 단, 조건이 있었죠. 파나마 운하 운영은 중립적이어야 하며, 중립이 위협당하면 미국이 개입할 수 있다는 것이었습니다.

"상황이 바뀌었어. 다시 돌려줘!"

그런데 최근 트럼프 대통령은 '중국' 때문에 파나마 운하의 중립*이 위협받는다고 주장해요. 운하 양쪽 끝의 항구 2곳을 홍콩 기업이 운영 중인데, 이를 '되찾겠다'라는 근거로 내세우고 있죠. 하지만 사실 운하 자체는 파나마 국가 기관이 맡아 관리하고 있어요. 이 때문에 트럼프에겐 다른 계산이 있다는 분석이 나와요. 앞선 2016년, 이 운하는 폭을 넓히는 확장 공사를 마쳤어요. 쓸모가 커진 셈이에요. 파나마를 압박하는 과정에서 미국의 영향력을 확대할 수도 있어요. 통행료 또한 관심사예요. 파나마 정부는 운하를 통해 매년 약 24억 달러(우리 돈 3조 5천억 원)를 벌어요. 여러모로 미국이 파나마 운하를 되찾으면 누릴 이익이 많아지죠.

트럼프의 '땅 욕심'은 이웃한 캐나다와 멕시코로도 뻗치고 있어요. 미국과 주변 국가들의 사이는 트럼프로 인해 점점 나빠지고 있습니다.

기사를 읽고 퀴즈를 풀어보세요!

1 이 기사는 어떤 주제를 다루고 있나요? (   )

① 중국 기업의 파나마 운하 항구 운영 문제
② 파나마 운하의 통행료 문제
③ 트럼프 미국 대통령이 일으키고 있는 영토 분쟁 문제
④ 파나마 운하의 확장 공사 문제

2 트럼프 대통령은 왜 영토 문제로 주변 국가와 갈등을 빚는 걸까요? 그 이유를 생각해 자유롭게 써보세요.

문해력 쑥쑥! 어휘사전

★ **인공** | 사람의 힘으로 자연에 대해 가공하거나 작용을 하는 일

★ **중립** | 어느 편에도 치우치지 않고 중간적인 입장에 섬. 또는 그런 입장

★ **선포** | 세상에 널리 알림

사람 '**인**', 장인 '**공**'	베풀 '**선**', 베 '**포**'	가운데 '**중**', 설 '**립**'
人工	宣布	中立

💬 본문에 나온 한자어를 소리 내어 읽고 써보세요.

경제

'자유무역'이 위기에 빠졌어요

개념 쏙쏙! WTO(World Trade Organization, 세계무역기구)

자유무역의 확대를 위해 1995년 146개 회원국으로 출범했어요. 국제 사회에서 무역과 관련한 다툼이 있을 때, 이를 재판하는 권한을 갖고 있어요.

자유무역이 뭐지?

"밖에서 싸게 살 수 있으면 집에서 만들지 말라"
경제학의 아버지로 불리는 영국의 학자, 애덤 스미스가 한 말입니다. 자유무역의 중요성을 강조한 문장이죠. 그런데 250년이나 이어져 온 자유무역이 지금 큰 위기를 맞고 있어요. 그 중심에는 도널드 트럼프 미국 대통령이 있습니다. 집권(2015년 1월)을 하자마자 관세*를 내세워 보호무역주의를 강력하게 밀어붙이고 있기 때문이에요.

자유무역은 국가가 민간의 무역 활동에 간섭하지 않고, 자유로운 무역(교역)을 보장하는 제도를 말해요. 세계 어떤 나라도 자급자족*으로 살 수 없어요. 다른 나라와 무역(수출, 수입)을 하면서 필요한 것을 얻어야 합니다. 자유무역을 하면 수출을 늘리기 위한 노력이 산업 발전으로 이어지고, 국가의 경제력이 커집니다. 이 과정에서 일자리와 소득도 늘어나죠. 자유무역의 반대는 **보호무역**이에요. 국가가 자국 산업의 보호를 위해 무역에 적극 간섭하는 정책입니다. 트럼프처럼 수입품에 관세를 물려서 가격을 높여, 수입품의 경쟁력을 떨어뜨리는 게 대표적인 정책이에요.

이밖에 수입품의 수량을 제한하거나 통관*을 늦추는 등 관세 외에 다른 방법으로 외국 상품의 수입을 제한하는 방법도 있습니다. 이를 **비관세 장벽**이라 합니다.

자유무역의 위기, 이겨내야만 해!

2025년 본격적으로 시작된 미국의 일방적인 관세 부과 정책, 그리고 이에 맞선 보복 관세*, 미국의 WTO 무력화* 시도 등으로, 세계 무역은 걷잡을 수 없는 보호무역주의로 빠져들고 있습니다. 무역 없이 살아가기 힘든 우리나라는 보호무역의 거센 파도를 어떻게 헤쳐가야 할까요?

기사를 읽고 퀴즈를 풀어보세요!

1 단어에 관한 설명을 토대로, 퍼즐 속에 숨은 어휘를 찾아 동그라미 치세요.

자	국	산	업	의	혹
경	제	자	유	무	역
학	보	구	역	서	사
수	호	실	통	무	요
역	무	원	지	력	금
통	역	사	문	화	제

① 국가가 민간의 무역 활동에 간섭하지 않고, 자유로운 무역을 보장하는 제도 (4자)
② 국가가 자국 산업의 보호를 위해 무역에 적극 간섭하는 정책 (4자)
③ 힘이 없거나 제 기능을 잃게 됨 (3자)

문해력 쏙쏙! 어휘사전

★ **관세** | 수입품에 부과하는 세금으로, 나라 살림에 쓰는 국세

★ **자급자족** | 필요한 물자를 스스로 생산해 모자라는 것을 채워 메움

★ **통관** | 수출입 물품이 세관(관세청에 소속된 기관)을 통과하는 절차

★ **보복 관세** | 한 국가가 자국 제품에 부당한 관세를 부과한 상대국에 대해 보복 조치로 추가 관세를 부과하는 것

★ **무력화** | 힘이 없거나 제 기능을 잃게 됨

✏️ 본문에 나온 한자어 '자급자족'을 활용한 예문을 작성해 보세요.

예시 자급자족(自給自足: 스스로 '자', 줄 '급', 스스로 '자', 발 '족')
식량과 물은 우리나라 안에서 **자급자족**할 수 있어야 해.

경제

쇼핑 대신 '숏핑' 뜬다!

개념 쏙쏙! 가심비

가격 대비 심리적 만족을 의미하는 신조어예요. 가격 대비 성능만 고려하는 '가성비'와 달리, 소비자가 느끼는 심리적 만족감을 더 중요하게 생각하는 소비 방식을 보여줘요.

'숏핑'으로 쇼핑해요!

숏핑(Short-pping)은 틱톡, 쇼츠, 릴스 등 짧은 동영상을 가리키는 '숏폼 콘텐츠'와 '쇼핑'을 합쳐서 만들어낸 신조어예요. 3분 정도의 짧은 동영상을 보며, 빠르게 원하는 상품을 구매하는 쇼핑 방식입니다.

숏핑을 즐기는 주요 소비자는 10대에서 20대. 판매자는 짧은 영상 안에 재미있는 요소로 상품을 소개하고, 장점을 설명해 소비자의 구매를 빠르게 이끌어내려고 노력합니다.

숏핑의 인기 이유 3가지!

숏폼 동영상 인기 | 긴 영상보다 숏폼 콘텐츠를 더 좋아하는 소비자가 많아요. 특히 영상 속에서 자신이 좋아하는 인플루언서(유명인)가 사용하는 제품에는 더 많은 관심을 보이기도 해요.

라이브 커머스 성장 | '라이브 커머스'는 실시간 생방송을 보면서 쇼핑을 하는 방식이에요. 채팅을 통해 고객의 궁금증을 바로 해소★하며 소통하는 것이 큰 장점이죠. 라이브 커머스가 성장하면서, 영상 플랫폼★을 통해 구매하는 경험이 널리 퍼졌어요.

새로운 소비 습관 '가심비' | 3분 내외의 영상을 보는 소비자에겐 결정을 내리기까지 생각할 시간이 짧아요. 그러니 당장 '갖고 싶다'는 내 마음이 우선 결제 버튼을 누르게 만드는 것입니다. 가성비보다는 가심비를 선택하는 것이죠.

숏핑은 재미있는 콘텐츠★를 제공하고, 숏핑을 통해 소비자가 빠르고 편리하게 구매할 수 있다는 장점이 있어요. 하지만 충동적으로 물건을 구매하거나, 과소비★하기 쉽다는 단점도 있습니다. 따라서, 충동에 휘둘리지 않는 똑똑한 소비 습관을 기르는 것이 정말 중요해요.

기사를 읽고 퀴즈를 풀어보세요!

1 빈칸에 알맞은 단어를 채워 문장을 완성해 보세요.

3분 정도의 짧은 동영상을 보며, 빠르게 원하는 상품을 구매하는 쇼핑 방식을 ☐☐ 이라고 합니다.

2 숏핑의 인기 이유 3가지를 읽고 맞으면 O, 틀리면 X를 표기하세요.

- 숏폼 동영상이 인기를 끌어서 ( )
- 라이브 커머스가 성장해서 ( )
- 가성비가 새로운 소비 습관으로 떠올라서 ( )

3 숏폼을 보면서 충동에 휘둘리지 않는 똑똑한 소비 습관을 기르려면 어떻게 해야 할지 써보세요.

_____

_____

_____

문해력 쑥쑥! 어휘사전

★ **해소** | 어려운 일이나 문제가 되는 상태를 해결해 없애 버림

★ **플랫폼** | (Platform) 디지털 공간에서 다양한 사람들이 서로 연결된 관계를 맺으며 가치를 만들어내는 체계

★ **콘텐츠** | (Contents) 인터넷이나 컴퓨터 통신 등을 통해 제공되는 각종 정보나 그 내용물

★ **과소비** | 돈이나 물품 따위를 지나치게 많이 써서 없애는 일

값 '가', 마음 '심', 견줄 '비'	풀 '해', 사라질 '소'	지날 '과', 사라질 '소', 쓸 '비'
價心比	解消	過消費

💬 본문에 나온 한자어를 소리 내어 읽고 써보세요.

경제

주식을 불태운다고?

> **개념 쏙쏙!** 자사주
>
> 자기(自) 회사(社) 주식(株)의 줄임말로, 기업이 자신이 발행한 주식*을 가지고 있는 것을 말해요. 기업이 자신이 발행한 주식을 다시 사들이는 것을 '자사주 매입', 기업이 매입한 주식을 지워 없애는 것을 '자사주 소각'이라고 해요.

소각(燒却)과 소각(消却)

"코웨이, 자사주 65만 주 소각 결정"
"롯데렌탈, 자사주 32만 주 매입해 모두 소각"
최근 금융 부문에서 들려온 뉴스입니다.

 소각이란 단어를 듣고 가장 먼저 떠오른 것. 불로 쓰레기를 태우는 소각로입니다. 그럼, 이 뉴스들은 막대한 양의 주식을 사들이고 불태워서 없앤다는 의미인 걸까요? 낭비 같은데요. 결론부터 말하자면, 잘못 이해한 문장입니다.
 우리에게 익숙한 것은 소각(燒却·사를 소, 물리칠 각). '불태워서 없앤다'라는 뜻의 용어예요. 반면 **위 뉴스의 단어는 소각(消却·사라질 소, 물리칠 각). '지워서 없앤다'**라는 의미입니다.

매입과 소각…공급 따라 달라지는 가치

 기업은 주식을 발행*하고, 투자금을 모아 회사를 운영해요. 기업의 가치를 주식이라는 형태로 판매한다고 볼 수 있죠. 그럼, 위 뉴스는 왜 주목을 받았을까요? 기업이 주식을 단순히 사들이는 것을 넘어, 매입한 자사주를 소각(消却)한다고 발표했기 때문이에요.
 여기서 '지워서 없앤다'라는 부분이 중요해요. 한 기업이 시장에 내놓는 주식의 수량에는 한도가 있어요. 자사주 소각이 이뤄지면, 해당 기업의 주식 수가 줄어들어요. **남은 주식은 상대적으로 희귀해지니 가치가 올라요. 즉, 자사주 소각은 주주*에게 이득을 나눠주는 효과가 있습니다.**
 자사주 소각처럼, 잘 팔린다고 공급을 늘리는 것이 아니라 줄여서 가치를 높이는 전략. 또 어디서 찾을 수 있을까요?

기사를 읽고 퀴즈를 풀어보세요!

1 빈칸에 알맞은 단어를 채워 문장을 완성해 보세요

자기(自) 회사(社) 주식(株)의 줄임말로, 기업이 자신이 발행한 주식을 가지고 있는 것을 ☐☐☐ 라고 해요. 기업이 자신이 발행한 주식을 다시 사들이는 것을 ☐☐☐☐ , 기업이 매입한 주식을 지워 없애는 것을 ☐☐☐☐ 이라고 해요.

2 다음 내용을 읽고 맞으면 O, 틀리면 X를 표기하세요.
- 자사주 소각이란 자사주를 불태워서 없애는 것이다. ( )
- 자사주 소각은 주식의 가치를 올린다. ( )
- 자사주 소각이 이루어지면 주주가 손해를 보게 된다. ( )

3 공급을 줄여서 가치를 높이는 전략을 사용하는 사례를 찾아 써보세요.

문해력 쑥쑥! 어휘사전

★ **주식** | 주주가 자본을 댄 것에 대해 내주는 유가 증권

★ **주주** | 주식을 가지고 직접 또는 간접으로 회사 경영에 참여하고 있는 개인이나 법인

★ **발행** | 화폐, 증권, 증명서 따위를 만들어 세상에 내놓아 널리 쓰도록 함

★ **법인** | 사람이 아니면서 법에 따라 권리 능력을 갖는 사단과 재단

✎ 본문에 나온 한자어 '주주'를 활용한 예문을 작성해 보세요.

예시 주주(株主: 그루 '주', 임금 '주')
주주의 권리를 적극적으로 인정하는 회사가 좋은 회사야.

> 경제

영화관 팝콘이 비싼 이유

> **개념 쏙쏙!** 고정비용, 변동비용
>
> '고정비용'은 제품이나 서비스가 생산되는 양의 변화에 상관없이 일정하게 드는 비용*을 말해요. '변동비용'은 제품이나 서비스가 생산되는 양에 따라 변화하는 비용을 말해요.

할인해서 한 사람이라도 더…'고정비용' 때문에

코로나19 사태 이후, 영화 티켓 가격이 급격히 올랐어요. 지역이나 요일에 따라 조금씩 다르긴 하지만, 2020년 12,000원이었던 티켓 가격은 현재 15,000원 정도예요. 그런데, 실제로 최근 관객이 지불한 영화 티켓 평균 가격은 9,800원 정도로, 1만 원이 채 안 됩니다. 이유가 뭘까요? 할인 제도가 매우 다양하기 때문이에요.

영화관은 관객이 한 명이든, 백 명이든 똑같이 영화를 상영*해야 해요. 고정비용이 나가는 거죠. 관객이 조금 온다고 상영하는 비용이 적게 들지 않고, 관람석이 꽉 찬다고 해서 많이 들지도 않아요. 만약 영화를 한 번 상영하는 데 드는 비용이 5만 원이라면, 1만 5천 원을 낸 고객 한 명이 오는 것보다 1만 원을 낸 고객 10명이 오는 것이 이득입니다. 그러니 영화관 입장에서는 할인 등의 혜택을 제공해서라도, 최대한 많은 관객을 모아서 관람석을 꽉 채우려고 하는 거예요.

진짜 수익은 '팝콘'에서!

영화 티켓을 할인하는 또 하나의 이유는 영화관의 '주력* 상품'이 다른 곳에 있기 때문이에요. 바로 팝콘, 콜라, 핫도그 등 다양한 먹거리가 준비돼 있는 '스낵 코너'입니다. 그런데 가격을 살펴보면 상당히 비싸게 느껴져요. 마트에서 파는 팝콘과 비교하면 몇 배나 비싸고, 할인 혜택도 영화 티켓에 비해 많지 않습니다. 왜 그럴까요?

제작사, 배급사 등 여러 회사의 관계가 가격에 복잡하게 얽힌 티켓과 달리, 스낵 코너에서 판매하는 상품들은 10%의 부가가치세를 제외하면 오롯이* 영화관의 몫이에요. 따라서 비싸게 팔아서, 최대한 이윤을 남기려는 거죠. 놀이공원에서 파는 핫바가 비싼 이유도 이젠 알겠죠?

기사를 읽고 퀴즈를 풀어보세요!

1 다음 문장이 설명하는 단어는 무엇인가요?

제품이나 서비스가 생산되는 양의 변화에 상관없이 일정하게 드는 비용을 말해요.

2 다음 내용을 읽고 맞으면 O, 틀리면 X를 표기하세요.

- 영화관 관객 수에 상관없이 영화 상영에 드는 비용은 일정하다. (　　)
- 영화관 관객 수에 상관없이 스낵코너의 팝콘을 만드는 비용은 일정하다. (　　)

3 다음 중 고정비용으로 알맞은 것은 무엇일까요? (　　)

① 사무실 임대료
② 포장비
③ 배송비
④ 재료비

문해력 쑥쑥! 어휘사전

★ **비용** | 어떤 일을 하는 데 드는 돈

★ **상영** | 극장 따위에서 영화를 영사(映寫)해 공개하는 일

★ **주력** | 중심이 되는 힘. 또는 그런 세력

★ **오롯이** | 모자람이 없이 온전하게

쓸 '비', 쓸 '용'	윗 '상', 비칠 '영'	임금 '주', 힘 '력'
費用	上映	主力

💬 본문에 나온 한자어를 소리 내어 읽고 써보세요.

경제

초등학생도 할 수 있어! '홈 알바'

개념 쏙쏙! 청소년 아르바이트

근로기준법*에 따르면, 15세 미만의 청소년은 일할 수 없어요. 청소년 인권 보호를 위해 제한* 을 둔 거예요. 15~17세까지는 가족관계증명서와 부모님의 동의서가 필요해요.

부족한 용돈 '홈 알바'로 벌어볼까?

써도 써도 부족한 것은? 바로바로~ 용돈이죠. 그래서 용돈이 궁한 어린이가 할 수 있는 알바를 하나 추천하려고 해요. 바로 홈 알바(아르바이트)! 가정 안에서 노동을 체험하고, 이를 소득*과 연결하는 거예요.

복잡한 재활용품을 잘 분리하고 배출하기, 음식물 쓰레기 버리기, 신발과 구두 닦기, 집 청소 돕기, 동생 공부 돕기, 빈 병 모아 팔기 등이 있어요. 모두 시간과 노력을 들여야 하는 일입니다.

그렇다고 모든 활동이 다 알바가 가능한 건 아니에요. 숙제하고, 양치하고, 내 방을 정리하고. 이런 일은 어린이 여러분이 가족의 구성원으로서 당연히 해야 할 일입니다. 또한, 홈 알바 활동의 목표가 오로지 '돈을 더 많이 벌기'가 돼선 안 돼요.

홈 알바의 가장 중요한 목적은 돈의 가치를 알고, 올바른 소비 습관을 싹틔우는 것입니다.

바람직한 홈 알바를 위한 4가지 원칙

① 체험을 통해 얻는 소득은 용돈보다 적을 것. 용돈의 가치가 낮아져선 안 되니까요.

② 목표를 정하고 체험에 나설 것. 구체적인 목표가 있으면 소득 체험은 단순한 돈 벌기가 아니라, 내 목표를 향한 한 걸음으로 다가와요.

③ 얼마나 벌었는가로 성과를 평가하지 말 것. 더 많이 활동하고, 소득을 늘린다고 성공하는 게 아니에요. 중요한 건 직접 소득을 체험하는 경험 자체입니다.

④ 계약서를 만들 것. 어떤 일을 언제 할지, 이 일로 얼마를 벌지 구체적으로 정해야 해요. 소득 체험은 어린이와 어른 모두가 실천해야 하는 활동이랍니다.

기사를 읽고 퀴즈를 풀어보세요!

1 단어에 관한 설명을 토대로, 퍼즐 속에 숨은 어휘를 찾아 동그라미 치세요.

지	첨	화	소	취	향
구	성	원	란	근	기
인	대	시	가	로	등
현	무	암	석	기	불
주	인	공	격	절	약
소	권	연	기	술	방

① 어떤 조직이나 단체를 이루고 있는 사람 (3자)
② 인간으로서 당연히 가지는 기본적 권리 (2자)
③ 부지런히 일함 (2자)
④ 함부로 쓰지 않고 꼭 필요한 데에만 써서 아낌 (2자)

문해력 쑥쑥! 어휘사전

★ **근로기준법** | 헌법에 의거해 근로 조건의 기준을 정해 놓은 법률. 근로자의 기본적 생활을 보장하고 향상시키며 균형 있는 국민 경제의 발전을 목적으로 함

★ **제한** | 일정한 한도를 정하거나 그 한도를 넘지 못하게 막음. 또는 그렇게 정한 한계

★ **소득** | 일한 결과로 얻은 정신적·물질적 이익

✏️ 본문에 나온 한자어 '제한'을 활용한 예문을 작성해 보세요.

예시 제한(制限: 절제할 '제', 한정할 '한')
여기는 **제한** 구역이라 아무나 못 들어가.

경제

1층으로 오세요~ '앵커 테넌트'

> **개념 쏙쏙!** 앵커 테넌트(Anchor Tenant)
> 배의 '닻'을 의미하는 '앵커(Anchor)'와, 돈을 내고 물건을 빌리는 사람을 뜻하는 '임차인'인 '테넌트(Tenant)'를 합친 말이에요. 배를 고정하는 닻처럼 고객의 발걸음을 붙잡는 역할을 하는 핵심 점포를 가리켜요.

미끼(?) 매장 '앵커 테넌트'

대형 마트 1층에서는 입구로 들어가기 전 스타벅스, 배스킨라빈스 등 먹거리 매장이나 다이소 등을 쉽게 찾아볼 수 있어요. 소비자 사이에서 큰 인기를 얻으며, 높은 수요를 가지고 있는 브랜드들. 바로 '앵커 테넌트'입니다.

특히 쇼핑몰 1층은 공간 자체가 '앵커 테넌트' 역할을 한다고도 할 수 있어요. 1층에 인기 있는 상점이나 대형 브랜드를 입점*해, 장소의 가치를 높이고 더 많은 고객이 찾게 만드는 거죠. 그렇다고 핵심 점포가 반드시 1층에만 입점하는 것은 아니에요. 주로 고층에 들어서는 멀티플렉스 영화관이나 지하에 자리하는 대형서점도 앵커 테넌트에 속해요. 이들의 유무는 상권*의 유동인구*에도 큰 영향을 미칩니다.

새로운 앵커 테넌트로 '올·다·무' 뜬다!

▲ [출처=올리브영]

1990년대에는 패밀리 레스토랑과 은행이, 2000년대에는 스타벅스와 의류 브랜드(자라, 유니클로 등)가 대표적인 앵커 테넌트 역할을 했습니다.

최근에는 '올·다·무'로 불리는 올리브영, 다이소, 무신사를 서로 유치하기 위해 쇼핑몰들이 경쟁하고 있어요. 이들은 최신 트렌드와 신상품에 빠르게 반응하는 20~30대 젊은 소비자와 외국인 관광객이 많이 찾는 브랜드입니다.

팝업스토어*의 확산으로 더욱 경쟁이 치열해진 오프라인 시장에 더해, 온라인 쇼핑몰과의 경쟁까지 이겨내야 하는 지금. 임대료를 깎아주면서까지 '올·다·무' 입점에 힘쓰는 쇼핑몰들의 모습에서, 앵커 테넌트 매장의 역할과 중요성이 날로 커지고 있음을 알 수 있습니다.

기사를 읽고 퀴즈를 풀어보세요!

1 빈칸에 알맞은 단어를 채워 문장을 완성해 보세요.

배의 '닻'을 의미하는 '앵커(Anchor)'와, 돈을 내고 물건을 빌리는 사람을 뜻하는 '임차인'인 '테넌트(Tenant)'가 합쳐진 단어 ☐☐ ☐☐☐ 는 배를 고정하는 닻처럼 고객의 발걸음을 붙잡는 역할을 하는 ☐☐☐☐ 를 가리켜요.

2 다음 내용을 읽고 맞으면 O, 틀리면 X를 표기하세요.

- 앵커 테넌트의 유무는 상권의 유동인구에 큰 영향을 미친다. (   )
- 앵커 테넌트는 구매력이 높은 중장년 소비자들이 많이 찾는 브랜드이다. (   )

3 최근 앵커 테넌트로 손꼽히는 브랜드에 해당하지 않는 것은 무엇일까요? (   )

① 올리브영   ② 다이소   ③ 국민은행   ④ 무신사

문해력 쑥쑥! 어휘사전

★ **입점** | 상가나 건물 따위에 가게가 새로 들어옴

★ **상권** | 상업상의 세력이 미치는 범위

★ **유동인구** | 일정한 기간 동안 한 지역을 오가는 사람의 수

★ **팝업스토어** | (Pop-up Store) 사람들이 붐비는 장소에서 신상품 따위의 특정 제품을 일정 기간 동안만 판매하고 사라지는 매장

들 '입', 가게 '점'	장사 '상', 우리 '권'	흐를 '유', 움직일 '동', 사람 '인', 입 '구'
入店	商圈	流動人口

💬 본문에 나온 한자어를 소리 내어 읽고 써보세요.

경제

'홈플러스'가 휘청인다

> **개념 쏙쏙!** **MBK파트너스**
>
> 2005년 설립한 사모펀드*예요. 상품을 판매해 돈을 버는 일반 기업과 달리 채권, 부동산, 심지어 기업을 사고팔면서 돈을 벌어요.

회사 경영 실패해도 살아날 방법이 있어!

지난 3월, 많은 사람이 홈플러스 관련 뉴스로 깜짝 놀랐어요. 유통기업 홈플러스가 '기업회생*'을 신청했다는 거예요.

경영을 제대로 못한 기업은 버는 돈보다 쓰는 돈이 많아 손해가 커지는 '적자' 상태가 됩니다. 이렇게 경영 위기가 계속되면, 기업은 문을 닫고 영업을 종

▲ [출처=홈플러스]

료합니다. 하지만 뛰어난 기술력이 있거나 기업 가치가 높아 '다시 일어설 가능성'이 있다면, 다른 선택지가 있습니다. 기업이 적자를 벗어나 정상적인 상태로 돌아가도록 노력하는 거예요. 방법은 두 가지, 워크아웃과 기업회생이에요.

워크아웃과 기업회생, 어떻게 다르지?

워크아웃은 기업에 돈을 빌려준 채권자들과 기업이 합의해 기업 재무* 상태를 개선하는 것입니다. 채권단은 빚을 나중에 받거나, 이자를 적게 받는 부담을 져요. 기업은 경쟁력이 낮은 사업을 매각하고, 경영자는 자기 재산을 내놓는 등 자율적으로 구조조정*을 진행해요.

기업회생은 법정관리라고도 합니다. 기업이 법원에 "우리 기업을 살려주세요!"라고 요청하고, 요청이 통과되면 법원의 도움 아래 회생 과정이 진행됩니다. 기업이 진 빚 일부를 아예 줄이거나, 한동안 빚 갚기가 중단되는 등 경영을 계속할 수 있게 하는 조치가 내려지죠. 법원이 주도하니, 채권자들은 무조건 법원의 판단에 따라야 합니다.

문제는 홈플러스의 대주주*인 MBK파트너스예요. MBK가 경영을 제대로 하지 않아 홈플러스의 손해가 커졌으며, 기업회생 신청도 빚을 줄이려고 선택한 무책임한 전략이라는 비판이 나오고 있습니다.

기사를 읽고 퀴즈를 풀어보세요!

1 서로 관계있는 말끼리 줄을 그어 보세요.

워크아웃 •　　　　　• 법정관리

기업회생 •　　　　　• 구조조정

2 앞의 기사를 읽고 맞으면 O, 틀리면 X를 표기하세요.

- 홈플러스는 3월 워크아웃에 들어갔다. (　　)
- 워크아웃은 기업의 문을 닫고 영업을 종료하는 것이다. (　　)
- 기업회생에 들어가면 채권자들은 법원의 판단에 의무적으로 따라야 한다. (　　)

3 빈칸에 알맞은 단어를 채워 문장을 완성해 보세요.

워크아웃은 기업에 돈을 빌려준 ☐☐☐ 들과 기업이 합의해 기업 재무 상태를 개선하는 작업에 들어가는 것입니다. ☐☐☐☐ 절차에 들어가면 기업이 진 빚 일부를 아예 줄이거나, 한동안 빚 갚기가 중단되는 등 경영을 계속할 수 있게 하는 조치가 진행됩니다.

문해력 쏙쏙! 어휘사전

★ **펀드** | 여러 사람들이 모은 돈을 전문가가 대신 투자해 주는 것

★ **사모펀드** | 소수의 투자자에게서 비공개로 자금을 모아 주식과 채권 따위에 투자해 운용하는 펀드

★ **회생** | 거의 죽어 가다가 다시 살아남

★ **재무** | 돈이나 재산에 관한 일

★ **구조조정** | 기업의 기존 사업 구조나 조직 구조를 더욱 효율적으로 개선하려는 경영 전반의 개혁 작업

★ **대주주** | 한 회사의 주식 가운데 많은 몫을 가지고 있는 주주

✏ 본문에 나온 한자어 '회생'을 활용한 예문을 작성해보세요.

예시　회생(回生: 돌아올 '회', 날 '생')
　　　　만물이 **회생**하는 봄.

경제

천 원=1환? '리디노미네이션'

개념 쏙쏙! 리디노미네이션(Redenomination)

화폐 단위를 바꾸는 것을 말해요. 돈의 액면을 동일한 비율의 낮은 숫자로 조정하고, 화폐의 호칭을 새로운 이름으로 바꾸는 거예요.

원화에만 많은 '0', 줄일까 말까?

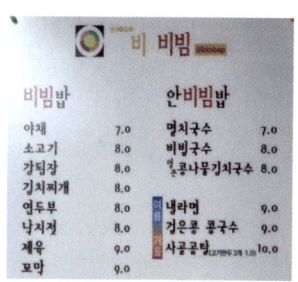

한국을 처음 찾은 외국인들은 공항에서 돈을 교환하다 깜짝 놀란대요. '5달러'나 '10유로'처럼 한두 자릿수 단위에 익숙한데, 한국 돈은 네 자릿수부터 출발하기 때문이죠. 이처럼 우리 돈을 세는 단위가 지나치게 커서, 잊을 만하면 한 차례씩 '리디노미네이션' 이야기가 나오고 있어요. 예를 들면 ▲지금의 '원'을 버리고, ▲새로운 단위 '환'을 도입*한 뒤 ▲교환 비율은 1,000:1로 정하자는 식이에요. 이대로 적용한다면 '1,000원=1환'이 되죠.

국민은 이미 자체적으로 리디노미네이션에 나선 상태입니다. 식당과 카페의 가격 표시가 대표적이에요. 5,000원을 '5.0'으로, 10,000원을 '10.0'으로 나타낸 경우를 쉽게 볼 수 있어요. 자릿수가 낮아지니 값을 셈하기가 편해요.

리디노미네이션은 누군가 나쁜 방법으로 모으고 숨긴 '검은돈'을 찾는 데 도움이 되기도 해요. 예전 돈을 쓰려면 새 돈과 교환해야 하니까, 새로운 돈을 만들면 이런 돈들이 세상 밖으로 나와요.

환율* 문제도 해소*돼요. 1달러=1.3환, 1유로=1.5환, 10위안(元)=1.9환 같이, 우리 돈과 외국 돈 사이의 비율이 한 자릿수로 정리되죠.

인플레이션, 사회 혼란이 걱정돼요

물론, 화폐 단위가 달라지면 여러 부작용도 생겨요. 첫째는 인플레이션. 물가 상승이에요. 기업들이 7,700원에 팔던 상품을 7.7환이 아닌 8환으로 올리는 식이죠. 둘째는 사회적 혼란. 60년 넘게 사용하던 원 단위가 사라지니, 당연한 일이죠. 새로운 돈을 찍는 비용도 만만치 않아요. 일부 추정*으로는 3조 원 이상이 든다고 해요.

리디노미네이션. 기대되는 편리함 못지않게 고민할 문제도 많네요.

기사를 읽고 퀴즈를 풀어보세요!

1 빈칸에 알맞은 단어를 채워 문장을 완성해 보세요

☐☐☐☐☐☐ 이란 화폐 단위를 바꾸는 것을 말해요. 돈의 액면을 동일한 비율의 낮은 숫자로 조정하고, 화폐의 호칭을 새로운 이름으로 변경하는 거예요. 화폐 단위를 1,000:1, 100:1 등으로 바꾸는 식으로 이루어져요.

2 다음 중 틀린 것은 무엇인가요? ( )

① 리디노미네이션을 하면 값을 셈하기 쉬워진다.
② 리디노미네이션으로 검은돈이 더욱 지하로 숨게 된다.
③ 리디노미네이션으로 화폐 단위가 작아지면 물가가 상승할 수 있다.
④ 새로운 화폐를 발행하는 데 비용이 많이 든다.

3 화폐 단위가 작아질 때 물가가 상승하게 되는 이유로 무엇이 있을까요?

_____

_____

문해력 쑥쑥! 어휘사전

★ **도입** | 기술, 방법, 물자 따위를 끌어 들임
★ **환율** | 자기 나라 돈과 다른 나라 돈의 교환 비율
★ **해소** | 어려운 일이나 문제가 되는 상태를 해결해 없애 버림
★ **추정** | 미루어 생각해 판정함

✏️ 본문에 나온 한자어 '추정'을 활용한 예문을 작성해 보세요.

예시 추정(推定: 밀 '추', 정할 '정')
　　　섣부른 **추정**으로 친구를 의심해서는 안 돼.

_____

_____

경제

명품 아니고 '듀프'야!

개념 쏙쏙! 듀프(Dupe)

'복제품'을 뜻하는 영어 단어 '듀플리케이션(Duplication)'의 줄임말로, 유명 브랜드 제품의 디자인, 기능 등을 비슷하게 따라하면서, 더 저렴하게 만든 제품을 말해요.

명품 비슷한 저가 상품, '듀프'

최근 샤넬의 화장품 '샤넬 치크앤밤'의 인기 색상과 비슷한 다이소의 '손앤박 컬러밤' 상품이 선풍적*인 인기를 끌었어요. 샤넬 상품은 6만 3천 원인 반면 다이소 상품은 겨우 3천 원이니, 다이소 상품이 날개 돋친 듯 팔렸죠. 다이소의 손앤박 컬러밤이 바로 듀프예요.

듀프는 완전히 베낀 상품인 위조품과는 의미가 조금 달라요. 위조품은 진품인 것처럼 위장해 사람들을 속이고, 시장을 혼란스럽게 만들기에 명백한* 불법이에요. 이와 달리 듀프는 디

▲ [출처=다이소]

자인과 기능을 모방하지만, 만든 회사의 브랜드를 숨기지 않아요. 소비자를 속이지 않으면서도 값비싼 유명 브랜드 제품의 '대체품' 위치를 자처*해요. 그래서 듀프를 '합법적인 유사품*'이라고 보는 시각도 있어요.

듀프의 모방, 새로운 소비 형태로 인기 쑥쑥!

세계 경제 상황이 좋지 않은 요즘. 소비를 줄이고, 돈을 절약하려는 소비자가 많아졌어요. 비슷한 효과를 볼 수 있는 제품이 있다면, 기왕이면 저렴하게 구매하려고 하죠. 거기에 위조품을 사용하는 것은 창피한 일이지만, 듀프를 사용하면 똑똑하고 합리적인 소비자라는 분위기가 SNS를 통해 확산했어요. ㉠이 때문에 듀프를 찾고 공유하는 소비문화가 하나의 놀이처럼 자리 잡았습니다.

한편으로는 듀프의 확산을 우려하는 시선도 있어요. 한 회사가 열심히 고민해 만든 제품을 거의 그대로 모방하면서, 값은 저렴하게 판매해 돈을 버는 방식이기 때문이죠. 완전히 베끼지는 않았더라도, 문제가 전혀 없다고 하긴 어려워요. 특히 새로운 제품을 개발하거나, 디자인을 창조하는 직업을 가진 사람들에게 큰 피해를 줄 수 있어요.

기사를 읽고 퀴즈를 풀어보세요!

1 다음 문장이 설명하는 단어는 무엇인가요?

유명 브랜드 제품의 디자인, 기능 등을 비슷하게 따라하면서, 더 저렴하게 만든 제품을 말해요. 명품을 완전히 베낀 상품인 위조품과는 달리, 디자인과 기능은 모방하지만 만든 회사의 브랜드를 숨기지 않아요.

2 앞의 기사와 관련된 내용을 읽고 맞으면 O, 틀리면 X를 표기하세요.

- 듀프(Dupe)는 '복제품'을 뜻하는 'Duplication'의 줄임말이다. (   )
- 듀프는 값비싼 유명 브랜드 제품의 '대체품' 역할을 한다. (   )
- 듀프는 불법적인 유사품이다. (   )

3 기사 본문의 밑줄 친 ㉠이 가리키는 내용은 무엇인가요? (   )

① 전쟁과 기후변화 등으로 세계 경제 상황이 좋지 않다.
② 소비를 줄이고, 돈을 절약하려는 소비자가 많아졌다.
③ 비슷한 효과를 볼 수 있는 제품이 있다면, 사람들은 저렴한 제품을 구매하려 한다.
④ 듀프를 사용하면 똑똑하고 합리적인 소비자라는 분위기가 SNS를 통해 확산했다.

문해력 쑥쑥! 어휘사전

★ **선풍적** | 돌발적으로 일어나 사회에 큰 영향을 미치거나 관심의 대상이 될 만함

★ **명백하다** | 의심할 바 없이 아주 뚜렷하다

★ **자처** | 자기를 어떤 사람으로 여겨 그렇게 처신함

★ **유사품** | 어떤 다른 물건과 비슷한 물품

✎ 본문에 나온 한자어 '자처'를 활용한 예문을 작성해 보세요.

예시 자처(自處: 스스로 '자', 곳 '처')
천재라고 **자처**하는 사람치고, 진짜 천재인 사람을 못 봤어.

경제

짜장면이 점점 비싸지는 이유는?

> **개념 쏙쏙!** 화폐량
>
> 세상에 풀려 있는 돈의 양이에요. 시장*에 돈이 많아지면 경제가 성장할 수 있어요. 하지만 너무 많은 돈이 풀리면 돈의 가치가 떨어지고 물가가 올라가는 **인플레이션**이 발생할 수 있어요. 반대로, 시장에 돈이 부족하면 소비*와 투자가 줄어들어 경제가 침체*되는 **디플레이션**이 올 수 있어요. 이때는 물가가 떨어지고 기업의 수익이 감소하게 돼요.

경제 성장과 화폐량은 무슨 관계일까?

모든 나라는 '경제 성장'을 목표로 합니다. 경제가 성장한다는 것은 사람들의 소비가 늘고, 기업은 물품을 더 많이 생산해 경제의 규모가 커진다는 뜻이에요. 여기서 우선순위*는 소비가 늘어야 한다는 거예요. 소비가 많이 이뤄져야 기업도 더 많은 상품을 판매해 돈을 벌고, 물품도 생산할 테니까요. 그럼, 소비가 늘어나려면 무엇이 있어야 할까요? 당연히 '돈'이죠.

그런데 만약 돈의 양이 정해져 있다면 어떨까요? 돈이 매우 귀해서 함부로 사용하지 못할 거예요. 그래서 소비자가 소비를 줄이면 기업도 물품 생산을 줄일 테고, 소비도 생산도 감소한 사회의 경제는 후퇴하게 됩니다.

그렇다면, 국가는 경제 성장을 위해 어떻게 해야 할까요? 돈의 양을 늘리면 됩니다. 지금도 많은 국가가 사회에 풀린 돈의 양을 일부러 늘리고 있어요. 그 결과, 자연스럽게 같은 액수의 돈의 가치는 점차 낮아지게 됩니다.

미래의 짜장면 가격은 반드시 '오른다'

몇 년 전만 해도 짜장면을 5,000원에 사 먹을 수 있었어요. 하지만 시간이 지날수록 돈의 가치가 떨어져, 이제는 짜장면을 사 먹는 데 5,000원이 아니라 7,000원이 넘는 돈이 필요해요.

앞으로 미래는 어떻게 될까요? 국가가 경제 성장을 포기하지 않는 한, 사회에 풀린 돈의 양은 계속해서 많아질 거예요. 그만큼 같은 액수의 돈의 가치는 떨어지고, 짜장면을 사 먹는 데 점점 더 많은 돈이 필요할 겁니다. 여러분이 어른이 됐을 때, 짜장면 가격이 1만 원을 넘을 수밖에 없는 이유입니다.

기사를 읽고 퀴즈를 풀어보세요!

1 다음 문장을 읽고 괄호 안에 알맞은 단어를 골라 동그라미 치세요.

시장에 너무 많은 돈이 풀리면 돈의 가치가 떨어지고 물가가 올라가는 (인플레이션, 디플레이션)이 발생할 수 있어요. 반대로, 시장에 돈이 부족하면 소비와 투자가 줄어들어 경제가 침체되는 (인플레이션, 디플레이션)이 올 수 있어요.

2 다음 중 틀린 것은 무엇인가요? (   )

① 경제가 성장하려면 소비가 늘어야 한다.
② 소비와 생산이 감소하면 경제는 후퇴한다.
③ 돈의 양을 늘리면 돈의 가치는 올라간다.
④ 경제가 성장할수록 돈의 가치는 떨어진다.

3 빈칸에 알맞은 단어를 채워 문장을 완성해 보세요.

현대 사회에서 많은 국가는 사회에 풀린 돈의 양을 일부러 늘리고 있습니다. 소비자가 돈을 아끼는 대신, 소비하도록 만들기 위해서입니다. 경제 ☐☐ 을 위한 선택입니다. 그 결과, 자연스럽게 같은 액수의 돈의 ☐☐ 는 점차 낮아지게 됩니다.

문해력 쑥쑥! 어휘사전

★ **시장** | 상품의 거래가 이루어지는 추상적인 영역

★ **침체** | 어떤 현상이나 사물이 진전하지 못하고 제자리에 머무름

★ **소비** | 돈이나 물자, 시간, 노력 따위를 들이거나 써서 없앰

★ **우선순위** | 어떤 것을 먼저 차지하거나 사용할 수 있는 차례나 위치

✏️ 본문에 나온 한자어 '침체'를 활용한 예문을 작성해 보세요.

예시 침체(沈滯: 잠길 '침', 막힐 '체')
주식 시장이 **침체**의 늪에 빠졌다.

사회 문화

사회문화

'원영적 사고'는 위기 해결사!

개념 쏙쏙! 러키비키

아이돌 그룹 '아이브'의 멤버 장원영이 만든 유행어로, 긍정적* 사고의 대명사*로 자리 잡았어요. 항상 러키비키하게 생각하는 장원영의 사고방식을 일러 '원영적 사고'라고 해요. '러키'는 '행운', '비키'는 장원영의 영어 이름에서 따왔대요.

물 절반 담긴 컵 보는 '세 가지 눈'

물이 절반만큼 담긴 컵을 보는 세 가지 시선이 있어요.

① "컵에 물이 반밖에 없네." 〈부정적 사고〉
② "컵에 물이 아직 반이나 남아 있네." 〈긍정적 사고〉
③ "연습 끝난 뒤 물을 먹으려 했는데, 글쎄 물이 딱 반 정도 남은 거야! 다 먹기엔 너무 많고 덜 먹기엔 너무 적고. 그래서 딱 반만 있었으면 좋겠다고 생각했는데, 완전 러키비키잖아!" 〈원영적 사고〉

어릴 때 더 중요한 긍정적 사고

장원영과 같이 긍정적인 사고를 하면 몸과 마음이 건강해져요. 특히 건강과 목표 달성에 큰 영향을 미친다는 조사가 많습니다.

미국 심장 전문의 앨런 로잔스키 박사와 연구팀에 따르면, 긍정적 사고를 하는 낙관론자*는 그렇지 않은 사람보다 심장병으로 인한 심각한 합병증* 위험이 35% 낮아요. 심장마비나 뇌졸중, 조기* 사망 위험도 낮고요. 그 이유는 "긍정적인 사람들이 문제해결 능력이나 대처 능력, 목표 실현 능력이 더 뛰어나서"래요.

'긍정의 과학'을 쓴 로레타 브루닝 박사도 긍정적 사고와 목표 달성의 관계를 강조하면서, 특히 어릴 때 경험과 생각이 중요하다고 말해요.

"긍정적이거나 부정적 사고를 형성하는 신경 경로는 어렸을 때 만들어진다. 어린 시절 경험은 일이 잘될 것이라는 기대감 또는 안 될 것 같다는 불안감을 만들고, 우리 삶에 중요한 역할을 한다."

+ 정보 플러스

긍정적 사고 키우는 5가지 방법!
1. 하루에 세 번 1분씩, 행복하다고 느끼는 행동을 머릿속에 그려봐요.
2. 매일 하나씩 기분 좋은 일을 해요.
3. 끈질기게 노력해요.
4. 하는 일에 집중해요.
5. 최고의 상황을 기대하고, 최악의 상황에 대비해요.

기사를 읽고 퀴즈를 풀어보세요!

1 다음 내용을 읽고 맞으면 O, 틀리면 X를 표기하세요.
- 긍정적 사고는 건강과 목표 달성에 큰 영향을 미친다. (   )
- 긍정적 사고는 어른이 됐을 때 확립된다. (   )

2 다음 문장을 읽고 괄호 안에 알맞은 단어를 골라 동그라미 치세요.

낙관론자는 그렇지 않은 사람보다 심장병으로 인한 심각한 합병증 위험이 35% (높다, 낮다). 또한 (긍정적, 부정적)인 사람들이 문제해결 능력이나 대처 능력, 목표 실현 능력이 더 뛰어나다.

문해력 쑥쑥! 어휘사전

★ **긍정적** | 그러하거나 옳다고 인정하는, 바람직한

★ **대명사** | 사람이나 사물의 이름을 대신 나타내는 말. 어떤 속성을 대표적으로 나타내는 것을 비유적으로 이르는 말

★ **낙관론자** | 인생이나 사물을 밝고 희망적으로 생각하는 사람

★ **합병증** | 어떤 질병에 곁들여 일어나는 다른 질병

★ **조기** | 이른 시기

✏️ 본문에 나온 한자어 '긍정적'을 활용한 예문을 작성해 보세요.

예시 긍정적(肯定的: 옳게 여길 '긍', 정할 '정', 과녁 '적')
모든 일에는 **긍정적**인 면과 부정적인 면이 있어.

사회문화

사물놀이가 현대 국악이라고!?

개념 쏙쏙! 농경문화

곡물을 재배하는 농경을 경제 바탕으로 한 문화를 말해요. 농경과 농업은 비슷한 말이지만, 농경은 원시적인 농사를, 농업은 현대적인 농사를 뜻해요.

사물놀이란?

꽹과리와 징, 장구와 북. 소수의 연주자가 모여, 긴 상모를 돌리며 신명나게 연주해요. 사물놀이는 흔하지는 않지만, 어린이 여러분도 대부분 한 번은 본 적 있을 정도로 꽤 확산한 국악의 한 종류입니다. 그런데 사실, 1978년에 만들어진 현대 공연이에요.

풍물에서 사물로

우리나라의 전통 문화로 '풍물놀이'가 있습니다. 조선시대 같은 옛날에는 요즘 같은 농기계가 없었어요. 밭을 갈고, 논에 모를 심는 모든 농사일은 일손이 많이 필요했고, 마을 주민들은 서로 도우며 협력했죠. 특별한 명절이나 축하할 일이 생겼을 때도 마찬가지였어요. 깃발을 들고 악기를 연주하면서 행진하는 풍물놀이로, 다 함께 흥을 돋우었습니다.

하지만, 일제강점기와 6·25전쟁, 산업화라는 격변*의 시대가 많은 것을 바꾸었어요. 농촌은 빠른 속도로 해체*됐고, 농경문화는 점차 사라져갔습니다.

풍물놀이도 예외*는 아니었죠. 이런 상황에 안타까움을 느낀 국악인들은 풍물놀이를 현대적인 형태로 재구성*해 이어가자는 아이디어를 떠올렸어요. 적은 수의 공연자들이 실내외에서 앉거나 선 상태로도 쉽게 연주할 수 있는 새로운 형태의 풍물놀이, '사물놀이'를 만들어낸 것입니다.

1978년 2월 22일, 창덕궁 옆 소극장에서 열린 첫 공연은 큰 호응을 얻었어요. 꽹과리·징·장구·북의 네 악기를 중심으로 하는 데서 '사물놀이'라는 이름도 붙여졌고, 어린이부터 어른까지 모두가 즐길 수 있는 문화 공연으로 빠르게 확산해 오늘에 이릅니다.

기사를 읽고 퀴즈를 풀어보세요!

1 빈칸에 알맞은 단어를 채워 문장을 완성해 보세요.

　　　☐☐☐☐ 란, 소수의 연주자가 모여 긴 상모를 돌리며 꽹과리와 징, 장구와 북을 신명나게 연주하는 현대 국악의 한 종류입니다.

2 사물놀이에 쓰이지 않는 악기를 고르세요. (　　)
① 꽹과리
② 징
③ 단소
④ 장구
⑤ 북

3 기사를 읽고 괄호 안에 알맞은 단어를 골라 동그라미 치세요.

국악인들은 (풍물놀이, 사물놀이)를 현대적인 형태로 재구성해, 적은 수의 공연자들이 실내외에서 앉거나 선 상태로도 쉽게 연주할 수 있는 새로운 형태의 (풍물놀이, 사물놀이)를 만들었어요.

문해력 쑥쑥! 어휘사전

★ **격변** | 상황 따위가 갑자기 심하게 변함

★ **예외** | 일반적 규칙이나 관례에서 벗어나는 일

★ **해체** | 체제나 조직 따위가 붕괴함. 또는 그것을 붕괴하게 함

★ **재구성** | 한 번 구성했던 것을 다시 새롭게 구성함

격할 '격', 변할 '변'	풀 '해', 몸 '체'	법식 '예', 바깥 '외'	두 '재', 얽을 '구', 이룰 '성'
激變	解體	例外	再構成

💬 본문에 나온 한자어를 소리 내어 읽고 써보세요.

사회문화

K-컬처로 '데일리케이션' 뜬다!

> **개념 쏙쏙!** 데일리케이션(Dailycation)
>
> '일상(Daily)'과 '휴가(Vacation)'의 영어단어를 합친 신조어로, 여행지의 일상을 그대로 경험하고 그 지역의 트렌드*를 좇는 여행을 뜻해요.

K-컬처 붐이 몰고 온 여행 트렌드 '데일리케이션'

 K팝, K드라마 등 한류가 전 세계에서 인기를 얻고 있어요. 이런 K-컬처 붐(한국 문화 유행)을 타고 우리나라를 찾는 외국인 관광객이 매우 많아졌어요. 이들에게 특히 주목* 받고 있는 것이 '데일리케이션'이에요. 유명한 관광지를 구경하며 단체 여행을 하는 대신, 한국인의 일상을 좀 더 가까이서 경험하고 따라 하는 여행 방법이죠. 단체가 아닌 개인 여행을 하는 외국 젊은이들에게 큰 인기입니다.

 이들이 특히 좋아하는 것이 뷰티 분야예요. 한국 스타일로 화장하거나 옷을 맞춰 입고 여행하는 것이 하나의 트렌드로 자리 잡았죠. 이 때문에 미용실이나 네일숍, 메이크업 전문점, 웨딩 체험 서비스 등을 찾는 외국인 관광객이 늘고 있습니다. 개인의 특성에 맞춘 서비스를 해주는 퍼스널 컬러, 헤어 컨설팅, 골격 분석 등의 상품도 인기가 많아요.

'레지던스'에선 한국 가정집 체험!

 '레지던스'도 인기를 얻고 있어요. 레지던스(Residence)는 객실 안에 주방과 세탁기 등을 갖춘 숙소를 말해요. 호텔과 달리 가정집과 비슷한 분위기가 나요. 요리도, 세탁도 하면서 한국인의 일상을 좀 더 가까이 체험해 볼 수 있어 각광*을 받고 있죠.

 이 밖에도 전통적인 관광지 대신 셀프 사진관이나 노래방, 사주카페 등을 찾는 외국인 관광객이 많아졌어요. 식사할 때도 치킨, 간장게장, 디저트 카페 등 한국인이 일상적으로 많이 먹는 메뉴나 한국인 사이에서 유명한 식당을 찾아가요.

 이처럼 한국을 구석구석 알고 싶어 하는 외국인들을 위해 우리 고유의 관광 자원을 더욱 개발하고 가꾼다면, 한국을 향한 세계의 관심은 앞으로도 이어질 거예요.

기사를 읽고 퀴즈를 풀어보세요!

1 다음 내용을 읽고 맞으면 O, 틀리면 X를 표기하세요.
- 데일리케이션이란, 여행지의 일상을 그대로 경험하고 트렌드를 좇는 여행이다. (   )
- 레지던스는 좋은 시설을 갖추고도 매우 저렴한 숙소를 말한다. (   )
- 한류열풍과 외국인 여행객 수의 증가는 서로 연관성이 없다. (   )

2 다음 문장을 읽고 괄호 안에 알맞은 단어를 골라 동그라미 치세요.

데일리케이션은 데일리와 (베케이션, 커뮤니케이션)을 합친 단어예요. 레지던스는 (호텔, 가정집)과 비슷한 분위기의 숙소로, 데일리케이션을 하러 우리나라에 온 외국인 관광객들에게 인기를 얻고 있습니다.

3 여러분 또래의 외국인 친구가 우리나라에 놀러 온다면, 무엇을 알려주고 싶나요? 기사의 '데일리케이션' 내용을 읽고, 여러분만의 특별한 여행 코스를 만들어 보세요.

문해력 쑥쑥! 어휘사전

★ **트렌드** | 특정한 유행이나 경향

★ **주목** | 관심을 가지고 주의 깊게 살핌

★ **각광** | 사회적 관심이나 흥미. 무대의 앞쪽 아래에 장치해 배우를 비추는 광선

✏️ 본문에 나온 한자어 '각광'을 활용한 예문을 작성해 보세요.

예시 각광(脚光: 다리 '각', 빛 '광')
그는 **각광** 받는 천재 화가이다.

사회문화

'콜로세움'에서 검투사 체험을?

> **개념 쏙쏙!** 로마 검투사
>
> 콜로세움에서 칼이나 창, 도끼를 들고 싸우는 무사들을 말해요. 1대 1로 맞붙는 방식으로, 한쪽을 죽이거나 항복시키는 것이 목표였어요. 무사들은 노예나 전쟁에서 붙잡힌 포로들인 경우가 많았어요.

고대 로마 영광 간직한 '콜로세움'

▲ [출처=Canva]

고대의 경기장 하면 무엇이 떠오르나요? 수도인 로마 심장부*에 위치한 거대한 원형 경기장 '콜로세움'을 꼽는 사람이 많을 거예요. 콜로세움은 단순한 경기장 유적이 아니라, 고대 로마인들의 생활과 문화를 엿볼 수 있는 중요한 장소예요.

이곳에서는 공연 외에도 검투사 경기, 야생 동물 사냥 등이 펼쳐졌어요. 황제나 정치가들은 이런 행사를 열어 국민의 지지*를 얻으려 했죠. 특히 검투사 경기의 인기가 높았다고 해요. 이들의 처지*는 대부분 좋지 않았지만, 오늘날의 스타처럼 큰 인기를 얻기도 했어요. 경기에서 거듭 이기면 유명해지고, 자유를 얻을 기회도 주어졌죠.

검투사 체험, 해도 괜찮을까?

현대에도 이때의 콜로세움과 검투사 경기를 주제로 삼은 영화와 드라마가 많이 만들어지고 있어요. 대표적인 작품이 2024년 11월에 개봉한 영화 '글래디에이터Ⅱ'. 그런데, 개봉 시기에 맞춰 세계 최대 공유* 숙박 업체 에어비앤비(Airbnb)가 마련한 검투사 무료 체험 이벤트가 논란을 일으켰어요. 당첨자 16명에게 3시간 동안 콜로세움에서 검투사 체험 기회를 주는 행사 내용 때문이에요.

행사 주최 측은 "활동을 통해 콜로세움의 역사·문화적 가치를 높이려는 목적"이라는 입장. 하지만 로마시 등 비판하는 측에서는 세계문화유산인 콜로세움을 놀이동산처럼 다뤄선 안 된다는 목소리가 나와요. 한편에서는 검투사 경기가 로마의 주요 역사·문화 요소이긴 하지만, 폭력이 배경이기 때문에 체험 주제로 알맞지 않다는 지적도 하고 있어요.

+ 지식 플러스

콜로세움의 기둥 3종류
콜로세움의 천장을 받치는 기둥. 층마다 다른 기둥 장식으로 아름다움을 더해주고 있어요. 모두 이웃 나라 그리스에서 전해진 형태로, 윗부분의 모양으로 구분해요.

▲단순한 네모 형태의 도리아식(왼쪽) ▲양머리를 닮은 이오니아식(가운데)
▲식물의 잎과 줄기가 복잡하게 얽힌 것 같은 코린트식(오른쪽) [출처=미리캔버스]

기사를 읽고 퀴즈를 풀어보세요!

1 빈칸에 알맞은 단어를 채워 문장을 완성해 보세요.

　　　　　　　　은 이탈리아 수도인 로마 심장부에 위치한 원형 경기장으로, 서기　　　　년에 지어졌어요. 단순한 경기장 유적이 아니라, 고대 로마인들의　　　　과　　　　를 엿볼 수 있는 중요한 장소예요.

2 콜로세움에서의 검투사 체험을 비판하는 측의 주장 두 가지를 찾아 적으세요.

문해력 쑥쑥! 어휘사전

★ **심장부** | 심장이 있는 부분. 중심이 되는 가장 중요한 부분을 비유적으로 이르는 말

★ **지지** | 어떤 사람이나 단체의 의견에 찬성하고, 이를 위해 힘을 씀

★ **처지** | 처해 있는 사정이나 형편

★ **공유** | 두 사람 이상이 한 물건을 공동으로 소유하거나 이용함

✏️ 본문에 나온 한자어 '처지'를 활용한 예문을 작성해 보세요.

예시 처지(處地: 곳 '처', 땅 '지')
　　　어려운 **처지**라고 비관하지 말고, 희망을 가져.

사회문화

'고물'인 줄 알았더니 '보물'

개념 쏙쏙! 레어템

Rare(드문, 희귀한)와 Item(물건)을 합해 만든 말로, 희귀한 물건을 뜻해요. 게임에서 얻을 수 있는 확률이 낮은 귀한 아이템을 부르는 데서 유래했어요.

라면 박스에서 희귀* 서적이

지난 2003년, 경북 경주의 고택*에서 약 700년 된 책이 발견됐어요. 이름은 '지정조격(至正條格)'. 1346년 중국 원나라에서 만든 법전*이에요.

당시 이 책은 라면상자에 들어 있었고, 폐휴지로 내놓은 상태였죠. 운 좋게도 이를 눈여겨본 역사 연구원 덕분에, 분리수거되는 상황을 피할 수 있었어요.

▲ 지정조격 [출처=한국학중앙연구원 유튜브]

꼼꼼히 조사한 결과, 우리나라에 남아있던 지정조격은 세계에 단 한 권만 남은 '레어템'으로 밝혀졌어요. 고향인 중국에도, 원나라의 후예인 몽골에도 없는 유물이 한국에 있었던 거죠. 2010년에는 전직 몽골 대통령이 우리나라를 방문해 이 책을 직접 살펴보기도 했어요. 2021년에는 보물 2118호로 지정돼 현재까지 전해지고 있습니다.

폐품 더미에서 보물 더미로

최근에는 영국의 작가 J. K. 롤링이 지은 '해리포터' 시리즈의 초판본(최초 출판물로 나온 책) 한 권이 폐품 무더기 속에서 발견되기도 했어요. 이 책은 영국 경매소에서 2만 1,000파운드(약 3,800만 원)에 팔려 화제가 됐어요.

무심코 버려질 뻔했지만, 숨은 값어치를 알아차린 사람들에 의해 재발견된 보물들. 누군가 관심을 기울이지 않았다면, 영영 사라질 수도 있었을 거예요.

여러분도 두 눈을 크게 뜨고 주변을 바라보는 관찰력을 길러보세요. 지금껏 놓쳤던 사물과 현상이 시야에 들어올 거예요. 행운이 따라준다면, 지정조격이나 해리포터 초판본 같은 보물을 찾는 주인공이 될 수도 있겠죠?

기사를 읽고 퀴즈를 풀어보세요!

1 '지정조격'에 대한 설명으로 맞으면 O, 틀리면 X를 표기하세요.
- 중국 원나라에서 만든 법전이다. (   )
- 세계에서 단 한 권만이 우리나라에 남아 있다. (   )
- 2021년에 국보 2118호로 지정됐다. (   )

2 빈칸에 알맞은 단어를 채워 문장을 완성해 보세요.

영국의 작가 J. K. 롤링이 지은 '해리포터' 시리즈의 ☐☐ 한 권이 폐품 무더기 속에서 발견됐어요.

3 괄호 안에 알맞은 단어를 골라 동그라미 치세요.

레어템이란, Rare(흔한, 희귀한)와 Item(물건, 보물)을 합해 만든 말이에요.

문해력 쑥쑥! 어휘사전

★ **희귀** | 드물어서 특이하거나 매우 귀함
★ **법전** | 국가가 만들어 정한 법 규범집
★ **고택** | 옛날에 지은, 오래된 집

✏️ 본문에 나온 한자어 '고택'을 활용한 예문을 작성해 보세요.

예시 **고택**(古宅: 옛 '고', 집 '택')
　　이 마을은 **고택**이 많은 것으로 유명해.

사회문화

궁금해요! '큐레이터'와 '도슨트'

개념 쏙쏙! 큐레이터와 도슨트의 차이

'큐레이터'는 전시회와 관련한 거의 모든 일을 맡아 하므로, 미술에 대한 전문적인 지식과 전시 경험이 필요해요. 반면 '도슨트'는 전시회를 해설해 주는 사람이므로, 미술에 대한 관심이 많으면 누구나 할 수 있어요.

기획하는 큐레이터, 설명하는 도슨트

미술관에 갔을 때 관람객이 작품을 감상할 수 있도록 돕는 분들을 본 적이 있을 거예요. 바로 '큐레이터(Curator)'와 '도슨트(Docent)'입니다.

큐레이터 | 전시물의 수집, 관리, 연구, 기획과 운영 등 종합적인 업무를 담당해요. 행사 주제를 고르고 어떤 작품을 전시할지, 공간은 어떻게 디자인할지 등 전체적인 방향을 결정합니다. 큐레이터가 좋은 전시를 준비하려면 작품을 깊이 이해하고, 연구를 계속해야 합니다.

도슨트 | 박물관, 미술관 등에서 관람객에게 전시물에 대한 해설과 정보를 제공해요. 큐레이터가 알려준 정보를 바탕으로 작품의 배경, 작가의 의도, 역사 등을 관람객에게 전달합

▲ [착한사마리아인/빈센트 반 고흐/73×60 cm/1890년 5월 작품]

니다. 다양한 연령대와 배경을 가진 관람객을 대상으로 맞춤형 해설을 제공해, 개인이 느끼는 감동을 극대화*하는 중요한 직업입니다.

성공 이끄는 전시회 전문가

큐레이터와 도슨트는 서로 긴밀하게* 협력하며 전시의 목표를 달성*합니다. 큐레이터는 도슨트에게 필요한 정보를 제공하고, 도슨트는 큐레이터의 뜻이 관람객에게 잘 전달되도록 노력해요. 둘의 협력은 관람객에게 더 많은 가치를 제공하고, 예술에 대한 이해를 높이는 데 도움을 줘요. 그래서 성공적인 전시가 되기 위한 필수적인 요소랍니다.

기사를 읽고 퀴즈를 풀어보세요!

1 기사를 읽고 괄호 안에 알맞은 단어를 골라 동그라미 치세요.

(큐레이터, 도슨트)는 전시회와 관련한 거의 모든 일을 맡아 하므로, 미술에 대한 전문적인 지식과 전시 경험이 필요해요. (큐레이터, 도슨트)는 전시회를 해설해 주는 사람이므로, 미술에 대한 관심이 많으면 누구나 할 수 있어요.

2 다음 중 틀린 것은 무엇인가요? (   )

① 큐레이터는 전시물의 수집, 관리, 연구, 기획과 운영 등 종합적인 업무를 담당한다.
② 도슨트는 전시 준비를 위해 작품을 깊이 이해하고, 연구를 계속해야 한다.
③ 도슨트는 박물관, 미술관 등에서 관람객에게 전시물에 대한 해설과 정보를 제공한다.
④ 도슨트는 큐레이터의 뜻이 관람객에게 잘 전달되도록 노력한다.

3 기사를 읽고 빈칸에 알맞은 단어를 채워 문장을 완성해 보세요.

큐레이터는 도슨트에게 필요한 ☐☐ 를 제공하고, 도슨트는 큐레이터의 뜻이 관람객에게 잘 ☐☐ 되도록 노력해요.

문해력 쑥쑥! 어휘사전

★ **극대화** | 아주 커짐. 또는 아주 크게 함
★ **달성** | 목적한 것을 이룸
★ **긴밀하다** | 서로의 관계가 매우 가까워 빈 틈이 없다

지극할 '극', 클 '대', 될 '화'	긴할 '긴', 빽빽할 '밀'	통달할 '달', 이룰 '성'
極大化	緊密	達成

💬 본문에 나온 한자어를 소리 내어 읽고 써보세요.

사회문화

'금강산' 찾아가자, 고성으로~ ♪

> **개념 쏙쏙!** 그리운 금강산
>
> 1961년에 한상억이 작사하고 최영섭이 작곡한 우리 가곡이에요. 남북 분단으로 갈 수 없는 금강산에 대한 그리움을 노래한 곡으로, 지금도 많은 사랑을 받고 있어요.

계절마다 이름을 바꿔 입는 산

▲ [출처=한국관광공사 포토코리아/신윤철]

'한국의 산' 가운데 다섯 손가락에 꼽히는 유명한 산. 북한 지역에 있지만 모든 국민이 이름을 아는 곳. '금강산'이에요. 오래전부터 아름다움으로 널리 알려진 곳이죠.

이 산은 독특하게도 계절의 흐름에 따라 이름이 바뀌어요. 봄에는 '**금강**', 여름은 '**봉래**', 가을은 '**풍악**', 겨울은 '**개골**'이라고 불려요.

금강과 봉래는 불교·도교 경전에 나오는 장소예요. 부처나 신선들이 사는 곳만큼 경치가 빼어나다는 뜻에서 붙여졌죠. 풍악은 '단풍이 고운 산'이라는 의미. 개골은 '모든 것이 뼈'라는 말이에요. 앙상한 나뭇가지와 계곡, 바위에 하얀 눈이 쌓인 모습을 흰 '뼈'에 빗대, 재치 있게 표현했어요.

금강산, 남한에서도 갈 수 있대~!

앞선 2000년부터 2018년까지, 남·북한은 21차례에 걸쳐 이산가족 상봉* 행사를 마련했어요. 이 가운데 금강산에서 이뤄진 만남만 18차례예요. 그만큼 남북을 이어주는 의미도 깊죠. 하지만 현재는 남북의 소통* 창이 닫혀 있는 상태라, 금강산을 가 볼 수 없습니다.

그런데, 남한에서도 금강산에 오를 수 있는 방법이 있어요. 금강산의 일부분이 남한에 속해 있거든요. 강원도 고성군을 중심으로 펼쳐져 있죠. 현재는 '북(北)설악'이라 불리며 설악산과 하나처럼 묶여 있지만, 원래 설악산과 마주 보는 금강산의 끝부분이었어요. 오늘날에는 남한에서 금강산 분위기를 느낄 수 있는 몇 안 되는 지역으로 관심과 사랑을 받고 있습니다.

기사를 읽고 퀴즈를 풀어보세요!

1 서로 관계있는 말끼리 줄을 그어 보세요.

봄　　　　　　　　봉래
여름　　　　　　　금강
가을　　　　　　　개골
겨울　　　　　　　풍악

2 다음 내용을 읽고 맞으면 O, 틀리면 X를 표기하세요.
- '금강'과 '봉래'는 불교·도교 경전에 나오는 장소예요. (　　)
- '풍악'은 단풍이 고운 산이라는 의미예요. (　　)
- '개골'은 개구리가 우는 봄이 왔다는 뜻이에요. (　　)

3 빈칸에 알맞은 단어를 채워 문장을 완성해 보세요.

남한에서도 금강산에 오를 수 있는 방법이 있어요. 금강산의 일부분이 남한에 속해 있거든요. 강원도 ☐☐ 을 중심으로 펼쳐져 있죠.

문해력 쑥쑥! 어휘사전

★ **상봉** | 서로 만남

★ **소통** | 막히지 않고 잘 통함. 뜻이 서로 통해 오해가 없음

✏️ 본문에 나온 한자어 '상봉'을 활용한 예문을 작성해 보세요.

예시　**상봉**(相逢: 서로 '상', 만날 '봉')
　　　오래 전 헤어진 가족과 **상봉**한 할아버지는 감격에 젖어 눈물을 흘리셨다.

사회문화

시대 따라 뜻도 변한 '미다스의 손'

개념 쏙쏙! 미다스
그리스·로마 신화에 나오는 부유한 왕으로, 역사에 실제로 존재했던 사람이에요.

지나친 욕심은 화를 부른다

기원전 8세기 고대 그리스. 오늘날의 튀르키예(터키) 지역에는 '프리기아' 왕국이 있었어요. 이 나라의 왕은 미다스(Midas). 착한 일을 많이 한 그에게, 포도주의 신 디오니소스가 소원 하나를 들어주겠다고 말했어요. 미다스는 자신의 손에 닿는 모든 것이 황금으로 변하는 능력을 달라고 요구했죠. 세상에서 가장 큰 부자가 될 생각이었어요.

하지만, 뜻밖의 상황이 펼쳐졌어요. 그가 빵과 음료수에 손을 대자 모두 금덩어리로 변했어요. 왕은 배고픔에 시달렸어요. 슬픔을 위로하는 딸의 손을 붙잡자, 그녀마저 황금 동상이 돼 버렸습니다.

속뜻 사라지고 '긍정*' 의미만 남아

미다스의 손은 그리스·로마 신화 속 이야기예요. 지나친 욕심은 사람을 불행에 빠뜨린다는 교훈을 담고 있죠. 그런데 현대에 들어서자, 미다스의 손이 가지는 의미가 달라졌어요. 탐욕을 부리면 안 된다는 가르침이 사라진 거예요. 대신, 하는 일마다 성공하는 뛰어난 사람을 칭찬하는 말로 변했어요. 주로 훌륭한 성과*를 내는 기업인, 스포츠 감독 등을 가리킬 때 많이 쓰여요.

미다스의 손을 거꾸로 비튼 표현이 '마이너스의 손'이에요. 영어를 쓰는 문화권에서는 미다스를 '마이더스'로 읽거든요. '마이너스(-)'와 비슷하죠? 하지만 속성*은 미다스의 손과 정반대. 손대는 일마다 망치는 경우를 꼬집는 말이에요.

기사를 읽고 퀴즈를 풀어보세요!

1 기사를 읽고 빈칸에 알맞은 단어를 채워 문장을 완성해 보세요.

☐☐☐ 의 ☐ 은 그리스·로마 신화 속 이야기로, 지나친 욕심은 사람을 불행에 빠뜨린다는 ☐☐ 을 담고 있어요.

2 다음 중 기사 내용과 다른 것을 고르세요. (   )

① 미다스는 고대 그리스 프리기아 왕국의 왕이었다.
② 미다스는 가장 큰 부자가 되려고 했다.
③ 현대에는 지나치게 욕심을 부리는 사람에게 '미다스의 손'이라고 말한다.
④ 손대는 일마다 망치는 사람을 '마이너스의 손'이라고 말한다.

3 '미다스의 손'을 넣어 짧은 글을 써보세요.

문해력 쑥쑥! 어휘사전

★ **긍정** | 그렇다고 생각해 옳다고 인정함   ★ **속성** | 사물의 특징이나 성질

★ **성과** | 이루어 낸 결실

즐길 '긍', 정할 '정'	이룰 '성', 열매 '과'	무리 '속', 성질 '성'
肯定	成果	屬性

💬 본문에 나온 한자어를 소리 내어 읽고 써보세요.

사회문화

JTBC '중계권 독점' 괜찮을까?

> **개념 쏙쏙!** 보편적* 시청권
>
> '누구나 시청할 수 있는 권리'를 뜻하는 법이에요. TV가 있는 가구의 90%가 시청할 수 있는 채널에서만 방송을 중계*할 수 있도록 하고 있어, 그동안은 지상파 방송사만 중계권을 가질 수 있었어요.

TV만 켜면 볼 수 있는 이유?

4년마다 돌아오는 월드컵. 직접 경기를 보기 위해 대회장을 찾아가지 않아도, TV만 켜면 실시간으로 경기를 관람할 수 있어요. 방송사들이 경기를 방송할 수 있는 '중계권'을 샀기 때문입니다. 월드컵 중계권은 국제 축구연맹인 '피파(FIFA)'에서 경매 방식으로 판매해요. 여러 희망자가 중계권을 구매하고 싶은 가격을 써내면(입찰), 피파는 그중 가장 높은 가격을 써낸 곳에 판매하는 방식이죠.

그동안 우리나라는 KBS, MBC, SBS와 같은 지상파 방송사가 서로 힘을 모으거나, 경쟁하며 중계권을 사들였어요. 지상파 방송사는 약간의 수신료만 내면, 모든 콘텐츠를 시청할 수 있어요. 따라서 국민이 부담 없이 같은 방송을 볼 수 있다는 장점이 있었습니다.

월드컵에 올림픽까지, JTBC '중계권 독점*'

이 시장에 커다란 변화를 몰고 온 방송사가 있어요. 바로 JTBC입니다. JTBC가 속한 중앙그룹이 엄청난 돈을 지불해서 2026년과 2030년 열리는 피파 월드컵은 물론이고, 2026년부터 2032년까지 열리는 동·하계 올림픽의 중계권까지 독점으로 확보한 거예요. 이 말은 곧, 지금까지와 달리 월드컵이나 올림픽 같은 국제 스포츠 경기도 '돈을 내는 채널'로만 보게 된다는 뜻입니다. 법적으로는 문제가 없어요. JTBC는 유료방송 중에서도 의무송출채널로 지정돼 있어, '보편적 시청권'의 기준을 충족*해요.

하지만 아직 안테나로 지상파 방송만 수신하는 집은 더는 월드컵도, 올림픽도 볼 수 없게 됩니다. '보편적 시청권'의 법적 기준을 넘었을지는 몰라도, 법의 취지에는 어긋나는 거죠. 여러분은 어떻게 생각하나요?

기사를 읽고 퀴즈를 풀어보세요!

1 빈칸에 알맞은 단어를 채워 문장을 완성해 보세요.

보편적 시청권이란, 누구나 [　　] 할 수 있는 [　　] 를 뜻하는 법이에요.

2 다음 내용을 읽고 맞으면 O, 틀리면 X를 표기하세요.

- TV가 있는 가구의 90%가 시청할 수 있는 채널에서만 방송을 중계할 수 있다. (　)
- JTBC는 유료방송이므로 보편적 시청권의 기준을 충족하지 못한다. (　)

3 중계권 독점에 대해 찬성 또는 반대 의견을 적고, 그 이유를 써보세요.

문해력 쑥쑥! 어휘사전

★ **보편적** | 모든 것에 두루 미치거나 통하는
★ **독점** | 혼자서 모두 차지함
★ **중계** | 어느 방송국의 방송을 다른 방송국에서 연결해 방송하는 일
★ **충족** | 넉넉해 모자람이 없음

✏️ 본문에 나온 한자어 '보편적'을 활용한 예문을 작성해 보세요.

> 예시　**보편적**(普遍的: 넓을 '보', 두루 '편', 과녁 '적')
> 　　　인권은 모든 인간이 존중받아야 할 **보편적**인 가치이다.

사회문화

2025년, 고교학점제 시작!

개념 쏙쏙! 고교학점제

학생이 기초 소양과 기본 학력을 바탕으로 진로·적성에 따라 과목을 선택하고, 이수기준에 도달한 과목에 대해 학점을 취득·누적해 졸업하는 제도예요.

내가 짜는 학교 시간표

과학자, 경찰, 의사, 가수, 교사…. 우리는 다양한 장래희망을 가지고 있어요. 관심과 흥미가 생기는 분야*도 모두 다르죠. 이에, 학생에게 잘 맞는 과목을 직접 선택하고 수업을 듣게 하는 제도가 바로 고교학점제예요.

고등학생들은 교과 내용을 심화*하거나, 진로와 관련된 다양한 수업들 중 원하는 것을 고를 수 있어요. 그러니 한 반에서 모두 똑같은 수업을 받는 초등학교와는 다른 풍경이 펼쳐져요. 수업 시간마다 교실을 이동하기도 하고, 같은 반 친구라도 서로 다른 수업을 들을 수도 있죠. 영화 '해리포터'의 수업 풍경처럼 말이에요.

졸업 기준, '출석'에서 '학점'으로

이 제도에서 가장 중요한 것은 '학점'입니다. 학점은 수업을 충실하게 잘 받았을 때 받을 수 있는 점수예요. 지금까지는 수업 일수의 3분의 2를 출석하면 졸업이 가능했어요. 하지만 고교학점제에서는 출석률과 함께, 3년간 192학점을 쌓아야만 졸업할 수 있습니다. 학업 성취율이 40% 미만일 경우에는 '미이수'가 돼, 보충 학습이나 별도의 과제를 해야 해요.

이제 막 본격적인 시작을 알린 고교학점제. 오랜 시간 준비해온 제도이지만, 실제로 시행하면서 또 많은 부분이 변화를 겪을 거예요. 여러분이 고등학교에 진학할 때는 형태가 지금과 달라질 수도 있죠. 그러니 여러분도 관심을 가지고, 어떻게 시행*해 나가는지 잘 지켜보길 바라요.

기사를 읽고 퀴즈를 풀어보세요!

1 단어에 관한 설명을 토대로, 퍼즐 속에 숨은 어휘를 찾아 동그라미 치세요.

대	통	과	성	취	진
학	이	목	피	난	로
신	수	학	여	행	복
문	학	생	업	축	원
고	교	학	점	제	사
국	육	생	직	업	무

① 해당 과목을 순서대로 공부해 마침 (2자)
② 앞으로 살아갈 길 (2자)
③ 학생이 진로와 적성에 따라 과목을 선택하고, 이수한 과목에 대해 학점을 취득해 졸업하는 제도 (5자)

문해력 쑥쑥! 어휘사전

★ **분야** | 여러 갈래로 나누어진 범위나 부분
★ **시행** | 실지로 행함
★ **심화** | 정도나 경지가 점점 깊어짐. 또는 깊어지게 함

나눌 '분', 들 '야'	깊을 '심', 될 '화'	베풀 '시', 다닐 '행'
分野	深化	施行

💬 본문에 나온 한자어를 소리 내어 읽고 써보세요.

환경

환경

인공눈물 속 '미세 플라스틱' 경보!

개념 쏙쏙! 미세* 플라스틱

눈에 보이지 않을 정도로 아주 작은 플라스틱 조각이에요. 이 조각이 우리 몸 안에 과도하게 축적되면, 건강에 해로운 영향을 미칠 수 있어요.

개봉 후 두 방울 이상 버려요

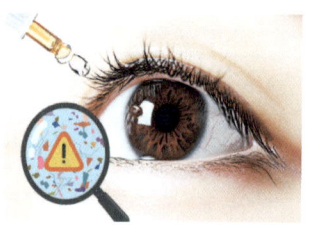

여러분은 인공눈물을 사용한 경험이 있나요? 눈이 건조하거나 눈에 먼지가 들어갔을 때, 많은 사람이 인공눈물을 사용해요.

그런데 최근 한국분석과학연구소(KIAST) 연구진이 인공눈물에서 검출*된 미세 플라스틱을 공개했어요. 연구진은 인공눈물 용기를 개봉해 첫 방울부터 사용할 경우, 연간 수백 개의 미세 플라스틱이 눈에 들어갈 수 있다고 경고했습니다. 용기를 열 때 작은 플라스틱 조각들이 떨어져 나오기 때문이에요.

우리 몸에 해로운 미세 플라스틱을 최소한으로 줄일 사용법은 무엇일까요? 연구진은 두 방울 이상 버리고 사용하는 것이 더 안전하다고 강조*해요. 또 개봉할 때 용기를 뒤집어 열면, 미세 플라스틱의 유입을 조금 더 줄일 수 있다고 해요.

장기간 사용 피해요

인공눈물은 병원 처방 없이도 약국에서 쉽게 구매할 수 있고, 전자기기 사용 증가로 눈의 건조함을 겪는 사람이 많아 더욱 주의가 필요해요. 눈이 건조하면 렌즈 사용을 자제하고, 컴퓨터나 스마트폰 사용 시간을 줄여보세요. 따뜻한 찜질로 눈에 휴식을 주는 것도 좋아요.

만약 질병 때문에 반드시 사용해야 한다면, 꼭 병원에서 전문가와 상담해 사용을 결정해야 해요. 무엇보다, 장기간 사용하는 건 미세 플라스틱 유입*의 위험성을 키운다는 사실을 꼭 기억해 주세요!

기사를 읽고 퀴즈를 풀어보세요!

1 다음 글이 설명하는 것이 무엇인지 써보세요.

눈에 보이지 않을 정도로 아주 작은 플라스틱 조각이에요. 이 조각이 우리 몸 안에 과도하게 축적되면, 건강에 해로운 영향을 미칠 수 있어요.

2 다음 중 '인공눈물'과 관련된 설명으로 틀린 것은 무엇일까요? (   )

① 첫 방울부터 사용하면, 연간 수십 개의 미세 플라스틱이 눈에 들어갈 수 있다.
② 처음 개봉할 때 첫 한두 방울 이상 버리고 사용하는 것이 안전하다.
③ 질병 때문에 사용해야 할 경우, 꼭 전문가와 상담해야 한다.
④ 장기간 사용은 미세 플라스틱 유입의 위험성을 키운다.

3 다음 내용을 읽고 맞으면 O, 틀리면 X를 표기하세요.

· 눈이 건조하면 컴퓨터나 스마트폰 사용 시간을 줄이는 것이 좋다. (   )
· 눈이 건조할 때 눈 찜질을 하는 것은 눈에 자극을 주므로 해서는 안 된다. (   )

문해력 쏙쏙! 어휘사전

★ **경보** | 위험이 닥쳐올 때 조심하도록 미리 알리는 일

★ **강조** | 어떤 부분을 특별히 강하게 주장하거나 두드러지게 함

★ **미세** | 분간하기 어려울 정도로 아주 작음

★ **유입** | 액체, 기체, 열, 돈, 물품, 사람, 문화, 지식, 사상 따위가 들어옴

★ **검출** | 물질 속에 어떤 화학 성분이나 미생물이 있는지를 검사해 확인함

✏ 본문에 나온 한자어 '유입'을 활용한 예문을 작성해 보세요.

예시 유입(流入: 흐를 '유', 들 '입')
농촌은 **유입** 인구가 줄어서 농사에 어려움을 겪고 있어.

> 환경

친환경 제품은 왜 더 비쌀까?

> **개념 쏙쏙!** 가치소비
>
> 소비자가 자신의 가치관이나 신념에 따라 제품이나 서비스를 구매하는 소비 방식을 말해요. 가격이나 품질을 기준으로 소비하는 보통의 방식과 달라요.

친환경 제품이란?

천연 비누가 일반 비누보다 비싸다는 사실, 알고 있나요? 그 이유는 천연 비누가 친환경 제품이기 때문이에요. 친환경 제품이란, 제작 과정에서 환경에 미치는 영향을 최소화*하도록 만든 특별한 상품이죠. 일회용 칫솔 대신 대나무 칫솔, 일회용 컵 대신 다회용* 텀블러 등을 찾을 수 있어요. 다 쓴 뒤에 자연에서 쉽게 분해되거나 재활용이 쉽고, 생산 과정에서 환경을 적게 오염시키는 것을 목표로 만들어졌어요.

그런데, 왜 비쌀까?

친환경 제품은 대체로 비싸요. 그 이유는 첫째, 재료비가 비싸고 대량 생산이 어렵기 때문이에요. 그래서 가격을 낮추기 힘들어요. 둘째, 만드는 과정이 어려워요. 친환경 제품들은 환경을 해치지 않으려다 보니, 대부분 복잡하고 어려운 생산 과정을 거쳐야 해요. 셋째, 환경 인증 비용이 추가돼요. 제품에 '친환경'이라는 이름을 붙이려면, 나라에서 진행하는 복잡한 검사를 통과해야 해요. 수출하려면 수출하려는 국가의 심사 기준도 만족시켜야 하죠.

비싸도 사야 하는 이유

일반 플라스틱 제품은 분해되는 데 수백 년이 걸리지만, 친환경 재료로 만든 제품은 훨씬 빠르게 분해돼 자연으로 돌아가요. 환경오염을 줄이고, 우리의 건강도 지킬 수 있죠. 결국 친환경 제품을 사는 건 지구와 우리 자신에게 투자하는 거예요. 그래서 친환경의 가치에 주목하는 '가치소비'가 빠르게 확산하고 있답니다. 여러분의 작은 선택이 큰 변화를 만들 수 있어요!

기사를 읽고 퀴즈를 풀어보세요!

1 빈칸에 알맞은 단어를 채워 문장을 완성해 보세요.

☐☐☐☐란, 소비자가 자신의 가치관이나 신념에 따라 제품이나 서비스를 구매하는 ☐☐ 방식을 말해요. 가격이나 품질을 기준으로 소비하는 보통의 소비 방식과 달라요.

2 기사 내용에 맞게 올바른 순서로 배열해 보세요. ( )
① 친환경 제품을 사는 건 지구와 우리 자신에게 투자하는 것이다.
② 친환경 제품이란 제작 과정에서 환경에 미치는 영향을 최소화하도록 만든 상품이다.
③ 나의 작은 선택이 큰 변화를 만들 수 있다.
④ 친환경 제품은 대체로 일반 제품보다 비싸다.

3 친환경 제품 사용이 오히려 환경을 해치는 사례를 떠올려 써보세요.

문해력 쑥쑥! 어휘사전

★ **최소화** | 가장 작게 함

★ **다회용** | 여러 번 쓰고 버리는 것

가장 '최', 작을 '소', 될 '화'	많을 '다', 돌아올 '회', 쓸 '용'
最小化	多回用

💬 본문에 나온 한자어를 소리 내어 읽고 써보세요.

환경

불꽃 축제, 그 화려함의 뒷면

> **개념 쏙쏙!** 대기오염
>
> 인공적으로 배출돼 인간 생활에 나쁜 영향을 주는 매연, 먼지, 일산화탄소 등과 같은 물질이 공기와 섞이는 일을 말해요. 이산화탄소 증가로 인한 지구의 온난화, 프레온 가스로 인한 오존층의 파괴 등이 환경에 큰 문제가 되고 있어요.

'공포' 느끼는 동물들

매년 가을이면 여의도 한강공원에서 우리나라 최대 규모의 불꽃 축제가 열려요. 일대는 불꽃을 보기 위해 몰려든 사람들로 인산인해*를 이루죠. 그런데, 화려한 불꽃 축제 이면*에는 우리가 잘 알지 못하는 두 가지 문제가 숨어 있어요.

불꽃놀이는 동물들에게 큰 공포와 스트레스를 불러일으킵니다. 불꽃이 갑작스럽게 터지면서 발생하는 큰 소리와 빛은 야생동물을 혼란에 빠뜨려요. 놀란 동물이 서식지를 벗어나 도로로 뛰어들어 사고를 당하기도 합니다.

스트레스를 받는 것은 반려동물도 마찬가지예요. 불꽃놀이에 데려간 반려견이 겁에 질려 도망가기도 하고, 과도*한 스트레스로 건강을 해치기도 해요. 실제로 불꽃놀이 이후 동물 병원을 찾는 반려동물 수가 늘어난다는 보고도 있어요.

콜록콜록! '대기오염'

불꽃은 잠깐 터지고 사라지지만, 그 자리에 남는 것이 있습니다. 바로 연기와 미세먼지예요. 불꽃을 더 크게, 더 화려한 색깔로 만들기 위해, 공장에서는 여러 가지 화학 물질과 금속 성분을 첨가합니다. 이들이 연소*하면서 공기 중으로 유해 물질을 뿜어내는 거죠. 특히 알루미늄, 리튬, 나트륨 같은 금속은 연소 과정에서 미세먼지를 만듭니다.

우리가 사는 지구 환경과 이웃, 동물들을 위해, 모두가 행복할 수 있는 축제를 만들어 가는 것이 어떨까요?

기사를 읽고 퀴즈를 풀어보세요!

1 아래 글에서 '이들'이 가리키는 것을 모두 고르세요. (   )

> 불꽃을 더 크게, 더 화려한 색깔로 만들기 위해, 공장에서는 여러 가지 화학 물질과 금속 성분을 첨가합니다. '**이들**'이 연소하면서 공기 중으로 유해 물질을 뿜어내는 거죠.

① 공장   ② 불꽃   ③ 화학 물질   ④ 금속 성분

2 다음 중 기사 내용과 관계없는 것을 고르세요. (   )
① 불꽃놀이는 동물들에게 공포와 스트레스를 일으킨다.
② 불꽃놀이 이후 동물 병원을 찾는 반려동물 수가 늘어난다.
③ 알루미늄, 리튬, 나트륨 같은 금속은 불에 타지 않는다.
④ 불꽃놀이는 연기와 미세먼지를 만든다.

3 최근 축제에서는 환경을 위해 불꽃놀이 대신 드론쇼나 레이저쇼를 선보이는 일이 많다고 해요. 드론쇼와 레이저쇼의 장점으로 무엇이 있을까요?

문해력 쑥쑥! 어휘사전

★ **인산인해** | 사람이 산을 이루고 바다를 이룸. 사람이 수없이 많이 모인 상태

★ **이면** | 물체의 뒤쪽 면. 겉으로 나타나거나 눈에 보이지 않는 부분

★ **과도** | 도에 지나침

★ **연소** | 물질이 산소와 화합할 때에, 많은 빛과 열을 내는 현상

✏️ 본문에 나온 한자어 '인산인해'를 활용한 예문을 작성해 보세요.

예시 인산인해(人山人海: 사람 '인', 뫼 '산', 사람 '인', 바다 '해')
거리 공연을 보려고 몰려든 사람들이 **인산인해**야!.

환경

'반려동물 보유세' 필요할까?

개념 쏙쏙! 반려동물 보유세

반려동물을 키우는 사람들에게 부과*하는 세금을 말해요. 매년 일정 금액을 부과해, 이를 동물 복지와 관련한 곳에 사용하는 거예요. 우리나라는 아직 반려동물 보유세를 도입*하지 않았어요.

시끌시끌 '반려동물 보유세'

'반려동물 보유세' 도입에 대한 이야기가 꾸준히 들려와요. 반려동물을 위한 공공시설이 부족하고 버려지는 동물 문제가 심각해지니, 세금을 거둬 이를 해결할 예산으로 사용하자는 거죠. 과연 반려동물 보유세가 필요한 것인지, 찬반 의견을 읽고 여러분의 생각을 정리해 보세요.

O 찬성해요

신중한 입양 | 반려동물을 키우면서 계속 세금을 내야 하므로, 동물 입양에도 신중해질 거예요. 그러니 유기동물 문제를 해결하는 데에도 효과가 있을 거예요.

공정한 비용 부담 | 공공장소의 반려동물 배설물 처리, 반려동물 전용 시설 설치와 유지비용은 모두 공공예산으로 쓰고 있어요. 반려동물을 키우지 않는 사람은 억울할 수 있죠. 따라서 반려동물 소유자*가 발생 비용을 더 부담하는 것이니, 공정성을 확보*할 수 있어요.

X 반대해요

경제적 부담 증가 | 반려동물을 키우려면 비용이 많이 들어요. 세금까지 거둔다면 반려동물 소유자들의 비용 부담이 더 커질 거예요. 그러면 반려동물을 버리는 사람이 더욱 많이 생겨날 수 있어요.

행정 낭비 | 실제로 걷힌 세금보다 행정을 위해 지출해야 하는 비용이 더 클 수 있어요. 그렇다면 세금을 거두는 의미가 없어요. 또 거둔 세금을 동물 복지에 얼마나 효율적으로 사용할 수 있을지도 의문이에요. 구체적인 계획이 먼저 마련돼야 해요.

기사를 읽고 퀴즈를 풀어보세요!

1 빈칸에 알맞은 단어를 채워 문장을 완성해 보세요.

☐☐☐☐ ☐☐☐란, 반려동물을 키우는 사람들에게 부과하는 ☐☐을 말해요. 매년 일정 금액을 부과해, 이를 동물 복지와 관련한 곳에 사용하는 거예요.

2 기사 내용과 다른 것을 고르세요. ( )

① 반려동물 보유세를 도입하면 반려동물 소유자의 비용 부담이 커진다.
② 공공예산으로 반려동물 관련 비용을 쓰는 것은 불공평한 일이다.
③ 반려동물 보유세를 거두고 관리하는 데 행정 비용을 써서는 안 된다.
④ 반려동물 유기 문제를 해결해야 한다.

3 찬반 의견에 나타난 공통점이 아닌 것을 고르세요. ( )

① 반려동물 소유자의 비용 부담이 커진다.
② 유기동물 확대는 막을 수 없다.
③ 동물 복지를 확대해야 한다.

문해력 쑥쑥! 어휘사전

★ **부과** | 세금이나 부담금 따위를 매겨 부담하게 함

★ **소유자** | 어떤 것을 자기의 것으로 가지고 있는 사람

★ **도입** | 기술, 방법, 물자 따위를 끌어 들임

★ **확보** | 확실히 보증하거나 가지고 있음

부세 '부', 공부할 '과'	인도할 '도', 들 '입'	바 '소', 있을 '유', 사람 '자'	굳을 '확', 지킬 '보'
賦課	導入	所有者	確保

💬 본문에 나온 한자어를 소리 내어 읽고 써보세요.

환경

소비 줄이기, 오늘부터 1일~

개념 쏙쏙! 소비와 폐기물*

소비와 폐기물은 밀접한 관련이 있어요. 과도한 소비는 폐기물 증가를 야기*하고, 이는 환경 문제로 이어져요.

Buy Nothing Day, 아무것도 사지 않는 날

봄의 거리는 그야말로 쇼핑 천국입니다. 상점마다 화려한 진열대와 신나는 음악으로, 지나가는 사람들을 유혹해요. 온라인에서도 할인 행사가 쏟아집니다. 그런데 어딘가에서 "소비를 멈추자!"라고 외치는 소리가 들립니다. 무슨 일일까요?

'바이 너싱 데이(Buy Nothing Day)'. 말 그대로 '모든 소비 활동을 중단하는 하루'예요. 1992년, 캐나다의 광고 전문가 테드 데이브(Ted Dave)에 의해 시작된 사회 운동이죠. 날짜는 매년 추수감사절 다음 날입니다. 연말부터 봄까지 이어지는 각종 행사로, 소비를 부추기는 것을 반성하자며 만들었어요. 하루라도 우리의 소비 습관을 되돌아보고, 소비가 환경에 미치는 영향을 생각해보자는 뜻입니다.

지나친 소비에 지구는 시름시름

우리의 소비 활동은 환경에 큰 영향을 미치는 것이 사실입니다. 소비가 늘어나는 건 더 많은 상품을 만들어야 하고, 공장도 더 많이 가동한다는 뜻이에요. 그만큼 폐기물이 늘어날 가능성도 크죠. 값싼 제품을 함부로 사용하고 버리고, 새것을 구매하는 소비 습관은 문제를 더욱 심각하게 만들어요. 모두 환경을 오염시키고, 지구를 아프게 만드는 소비입니다.

만물이 싹트고 새롭게 시작하는 봄. 설레는 분위기에 취해, 가격이 싸거나 단순히 예쁘다는 이유로 필요하지도 않은 물건을 사고 있진 않나요? 지금부터는 우리 집에 어떤 물건들이 있는지 다시 한 번 꼼꼼히 살펴보고, 좀 더 가치 있는 소비를 하기 위해 노력해 보기로 약속해요~!

기사를 읽고 퀴즈를 풀어보세요!

1 다음 문장을 읽고 괄호 안에 알맞은 단어를 골라 동그라미 치세요.

1992년 캐나다의 광고 전문가 테드 데이브는 '아무것도 (하지, 사지) 않는 날'을 만들었어요. 이날은 모든 소비 활동을 중단합니다. 날짜는 매년 (추수감사절, 크리스마스) 다음 날입니다.

2 다음 중 소비 활동과 환경과의 관계에 대한 설명으로 틀린 것은 무엇일까요? (　　)

① 소비가 늘면 더 많은 상품을 만들어야 한다.
② 소비가 늘수록 폐기물이 늘어날 가능성이 크다.
③ 값싼 제품을 사용해야 환경 보호에 도움이 된다.
④ 쉽게 버리고 새것을 구매하는 소비 습관은 환경에 나쁜 영향을 끼친다.

3 가족과 함께 '아무것도 사지 않는 날'을 정해 실천해 보세요. 그리고 그 경험을 통해 느낀 점을 자유롭게 써보세요.

문해력 쑥쑥! 어휘사전

★ **폐기물** | 못 쓰게 돼 버리는 물건　　★ **야기** | 일이나 사건 따위를 끌어 일으킴

✏️ 본문에 나온 한자어 '폐기물'을 활용한 예문을 작성해 보세요.

예시　폐기물(廢棄物 : 무너질 '폐', 버릴 '기', 물건 '물')
　　　폐기물 처리에 막대한 비용이 든다.

환경

전쟁의 숨은 희생자, 환경

> **개념 쏙쏙!** 전쟁과 무력 충돌로 인한 환경 착취 국제 예방의 날
>
> 매년 11월 6일, 전쟁이 사람만이 아니라 자연환경과 지구에도 심각한 손상을 준다는 사실을 알리기 위해 UN(국제연합)이 제정*한 기념일이에요.

전쟁 피해자, 사람만이 아니에요

▲ [출처=픽사베이]

 예전에는 전쟁의 피해를 인명 피해나 부서진 건물, 난민 발생 수를 중심으로 따졌어요. '사람'과 '문명'이 중심이었죠. 하지만, 환경도 이에 못지않게 큰 피해를 봅니다. 폭격으로 숲이 불타 사라지고, 화학 무기나 유독 물질 사용으로 토양과 수질, 공기가 심각하게 오염되죠. 이 환경 속에 살아가야 하는 모든 사람과 동식물이 고통을 받아요.

 단기적으로는 전쟁이 일어나지 않은 주변 국가도 악영향을 피할 수 없고, 장기적으로는 지구상의 모든 나라와 사람들, 생명체가 영향을 받죠. 무너진 건물은 다시 지으면 되지만, 파괴된 환경은 복구*하기 어려워요. 이전과 똑같이 복원할 수 있다는 보장도 없습니다.

전쟁 속 '지속가능한 평화' 멀어져

 UN환경계획(UNEP) 보고서에 따르면, 지난 60년간의 내전 중 40% 이상이 자원을 두고 벌어졌어요. 금, 다이아몬드, 석유 같은 값비싼 자원과 깨끗한 물, 토지와 같은 한정된 자원이 갈등의 원인이라는 거죠. 자원을 얻기 위해 오히려 자원을 낭비하고, 환경을 파괴하는 전쟁. 이런 상황이 계속되면 자원은 더욱 빠르게 고갈될 것이고, 분쟁*은 더욱 치열해질 겁니다.

 오늘날, 세계는 곳곳에서 일어나는 전쟁으로 몸살을 앓고 있어요. 우리의 힘으로 모든 전쟁과 그에 따른 파괴를 막을 수는 없지만, 할 수 있는 일이 있어요. 우선, 환경을 보호하는 작은 일부터 실천해보면 어떨까요? 환경을 보호하는 것이 지속 가능한 평화의 첫걸음인만큼, 하나하나가 모이면 분명 의미 있는 활동이 될 거예요.

기사를 읽고 퀴즈를 풀어보세요!

1 단어에 관한 설명을 토대로, 퍼즐 속에 숨은 어휘를 찾아 동그라미 치세요.

참	고	수	영	국	민
여	갈	색	연	필	심
복	대	일	기	장	수
구	나	라	자	기	세
체	무	단	기	적	유
적	분	쟁	록	수	엔

① 오랜 기간에 걸치는 (3자)
② 짧은 기간에 걸치는 (3자)
③ 어떤 일의 바탕이 되는 돈이나 물자, 소재, 인력 따위가 다해 없어짐 (2자)
④ 국제연합 (2자)

2 환경을 보호하기 위해 직접 실천할 수 있는 활동을 적어보세요.

문해력 쑥쑥! 어휘사전

★ **제정** | 제도나 법률 따위를 만들어서 정함
★ **복구** | 손해 이전의 상태로 되찾음
★ **분쟁** | 말썽을 일으켜 시끄럽고 복잡하게 다툼

지을 '제', 정할 '정'	회복할 '복', 옛 '구'	어지러울 '분', 다툴 '쟁'
制定	復舊	紛爭

💬 본문에 나온 한자어를 소리 내어 읽고 써보세요.

환경

기업도 '플라스틱 다이어트' 해요

개념 쏙쏙! 물리적 재활용 방식

플라스틱을 씻은 후 잘게 부숴서 아주 작은 알갱이로 만들어 재활용하는 방식을 말해요. 이 방법은 재활용률이 낮고, 반복할수록 품질이 떨어지는 단점이 있어요.

줄이고, 없애고, 바꾸는 기업들!

지구를 뒤덮은 플라스틱 오염 문제 해결을 위해, 국제사회와 도시·환경 전문가들이 머리를 맞대고 있습니다. 이런 흐름에 발맞추는 식음료 기업들의 '플라스틱 다이어트' 노력이 눈길을 끌고 있어요.

줄이고 생수 업계는 '플라스틱 용기 무게 줄이기'에 한창이에요. 아이시스는 최근 페트병 무게를 11.6g에서 9.4g까지 줄인 '초경량* 페트병'을 만들었어요.

없애고 플라스틱을 사용하는 부분을 과감히 없앤 기업들도 눈에 띕니다. 지난해 매일유업은 커피 신제품을 내놓았어요. 특이한 점은 기존 커피 제품에 있었던 플라스틱 뚜껑과 빨대가 사라졌다는 거예요. 매일유업은 이 시도로 개당 3.2g의 플라스틱 사용을 줄였다고 밝혔어요.

바꾸고 풀무원은 최근 생과일주스 '아임리얼' 용기 제작에 기존의 '물리적 재활용 방식'이 아닌, '화학적 재활용 방식'을 도입했어요. 폐플라스틱을 가스나 액화* 상태의 원료로 되돌려서 다시 사용하는 방법입니다. 플라스틱을 까다롭게 분류하지 않아도 돼, 재활용률이 훨씬 높은 게 장점이에요. 풀무원은 연간 259톤의 플라스틱을 아낄 수 있을 것으로 기대하고 있어요.

소비자 역할도 중요해요

우리가 매일 먹고, 마시고, 사용하는 제품이 어떤 과정으로 만들어지는지를 알고 구매하는 소비자가 늘어난다면, 더욱 많은 기업이 환경과 미래를 생각해 생산 활동을 이어갈 거예요. 환경을 생각한 소비가 더 나은 미래를 만드는 데에 중요한 역할을 한다는 사실, 잊지 마세요!

기사를 읽고 퀴즈를 풀어보세요!

1 기사를 읽고, 빈칸에 알맞은 단어를 채워 문장을 완성해 보세요.

☐☐☐ ☐☐☐ ☐☐ 은 폐플라스틱을 가스나 액화 상태의 원료로 되돌려서 다시 사용하는 방법입니다.

2 다음 내용을 읽고 맞으면 O, 틀리면 X를 표기하세요.
- 생수 업계는 플라스틱 용기 무게를 줄이는 데 힘쓰고 있다. (   )
- 플라스틱을 사용하는 부분을 과감히 없앤 기업도 있다. (   )
- 물리적 재활용 방식은 재활용률이 높은 장점이 있다. (   )

3 생활 속에서 '플라스틱 다이어트'를 할 수 있는 아이디어를 떠올려 아래에 적은 다음, 꼭 실천해 보세요.

문해력 쑥쑥! 어휘사전

★ **초경량** | 극도로 가벼운 무게

★ **액화** | 기체가 액체로 변하는 현상. 또는 그렇게 만드는 일

✏️ 본문에 나온 한자어 '액화'를 활용한 예문을 작성해 보세요.

예시 액화(液化 : 진 '액', 될 '화')
차가운 물컵에 맺힌 물방울이 **액화**의 대표적 예다.

환경

씨앗 지킴이 '국제종자금고'

> **개념 쏙쏙!** 시드뱅크와 시드볼트
>
> '시드뱅크'는 종자* 연구 등을 위해 단기적으로 씨앗을 저장하는 곳으로, 많은 나라에서 운영 중이에요. 이에 반해 '시드볼트'는 미래를 위해 종자를 보존하기 때문에, 보관 기간이 영구적*이며 한 번 저장한 씨앗은 여간해선 꺼낼 수 없어요.

농작물 씨앗 금고 '스발바르 국제종자저장고'

북극점에서 1,300여 ㎞ 떨어진 바다 한가운데. 이곳에는 노르웨이의 땅인 스발바르 제도*가 있어요. 그중 스피츠베르겐이라는 커다란 섬에는 특별한 시설이 있습니다. 바로 2008년에 설립된 '스발바르 국제종자저장고'예요. 유엔식량농업기구에서 인정한 단 두 곳의 국제종자금고 중 하나입니다. 오래전 버려진 탄광을 활용해서 깊은 땅속에 지어진 씨앗 금고죠.

▲ [출처=스발바르 국제종자저장고]

이곳은 사람이 먹는 작물의 씨앗을 보관하는 곳입니다. 세계에는 위험에 대비해 주요 식물의 씨앗을 보관하는 종자 저장고가 많아요. 그렇지만 전쟁이나 자연재해, 기타 예상치 못한 문제로 보관 중이던 씨앗을 잃어버릴 수 있습니다. 이런 때 의지하는 곳이 스발바르 국제종자저장고죠.

야생식물 씨앗 금고 '백두대간 글로벌 시드볼트'

유엔식량농업기구에서 인정한 또 다른 국제종자금고는 '백두대간 글로벌 시드볼트(Global Seed Vault)'예요. 경상북도 봉화군에 있으며, 2015년에 만든 아시아 최대 규모의 종자 영구 보존 시설이죠. 전 세계 농작물 종자를 저장하는 스발바르와는 달리, 한국의 시드볼트는 야생식물 종자를 저장하는 곳이에요.

▲ [출처=백두대간 글로벌 시드볼트]

스발바르와 봉화군의 국제종자금고는 세계 어느 나라든, 중요한 작물이나 야생식물의 종자를 잃어버려 막막한 상황이 되지 않도록 해주는 든든한 보루*입니다.

기사를 읽고 퀴즈를 풀어보세요!

1 빈칸에 알맞은 단어를 채워 문장을 완성해 보세요.

[　　　　　]는 종자 연구와 증식을 위해 단기적으로 씨앗을 저장하는 곳이에요. 이에 반해 [　　　　　]는 미래를 위해 종자를 보존하기 때문에, 보관 기간이 영구적이며 한 번 저장한 씨앗은 여간해선 꺼낼 수 없어요.

2 다음 중 틀린 것을 모두 고르세요. (　　　　)
① 국제종자저장고는 노르웨이 스발바르의 스피츠베르겐 섬에 있다.
② 국제종자저장고는 야생식물 씨앗을 보관하는 금고이다.
③ 유엔식량농업기구에서 인정한 국제종자금고는 단 두 곳이다.
④ 우리나라에 있는 국제종자금고는 국립백두대간수목원이다.

3 다음 내용을 읽고 맞으면 O, 틀리면 X를 표기하세요.
· 시드뱅크는 유일하게 한국에만 있어요. (　　)
· 스발바르 국제종자저장고는 버려진 탄광을 활용해서 지어졌어요. (　　)

문해력 쑥쑥! 어휘사전

★ **종자** | 식물에서 나온 씨 또는 씨앗

★ **영구적** | 오래도록 변하지 않는

★ **제도** | 여러 섬

★ **보루** | 적의 침입을 막기 위해 돌이나 콘크리트 따위로 튼튼하게 쌓은 구축물. 지켜야 할 대상을 비유적으로 이르는 말

씨 '종', 아들 '자'	길 '영', 오랠 '구', 과녁 '적'	모두 '제', 섬 '도'	작은성 '보', 진 '루'
種子	永久的	諸島	堡壘

💬 본문에 나온 한자어를 소리 내어 읽고 써보세요.

환경

차 없는 날? 지구 살리는 날!

> **개념 쏙쏙!** **탄소 배출**
>
> 화석 연료 사용 등으로 인해 이산화탄소와 같은 탄소 기체가 대기* 중으로 배출되는 현상을 말해요. 탄소 배출로 인한 지구온난화는 전 지구적인 문제로, 인류의 생존을 위협하고 있어요.

콜롬비아 수도의 '차 없는 날'

 자동차가 다 어디로 갔는지 모르겠어요. 다리에는 지나다니는 차가 한 대도 없고, 인도를 걷는 사람들만 보이는데요. 무슨 상황일까요?
 콜롬비아의 수도, 보고타시는 매년 두 차례 '차 없는 날' 행사를 개최합니다. 교통 체증*과 대기 오염 문제를 시민들에게 알리고, 탄소 배출을 줄이기 위한 이벤트죠. 사진은 지난 2월 6일, 올해 첫 번째 행사가 열린 광경이에요.
 차 없는 날에는 오전 5시부터 오후 9시까지 시내에서 개인용 차량이나 오토바이 통행이 금지됩니다. 물론 버스, 긴급차량 등 꼭 필요한 차량은 다닐 수 있어요.
 보고타시는 이 행사로 하루 180만 대의 자동차가 도로에서 사라지고, 온실가스* 하루 배출량 수천 톤을 줄일 수 있다면서 행사의 의미를 강조했어요.

우리나라는 '차 없는 거리' 행사

 차 없는 날은 유럽에서 최초로 만들어졌어요. 1997년 아이슬란드 레이캬비크, 영국 바스, 프랑스 라로셸에서 개최됐죠. 이 행사는 유럽 전체로 퍼져나갔고, 2007년 이후에는 세계 40개국 2천여 곳의 도시에서 차 없는 날 행사를 열고 있어요.
 우리나라에서도 '차 없는 거리' 행사는 찾아볼 수 있지만, 도시 하나가 통째로 차 없는 날 행사를 벌이기는 쉽지 않아요. 혼란과 부담이 상당할 테니까요.
 하지만 분명한 것은, 차 없는 날 하루만은 인간과 지구가 모두 편하게 숨쉴 수 있다는 것이겠죠?

기사를 읽고 퀴즈를 풀어보세요!

1 빈칸에 알맞은 단어를 채워 문장을 완성해 보세요.

☐☐ 배출로 인한 지구온난화는 전 지구적인 문제로, 인류의 생존을 위협하고 있어요.

2 다음 중, 보고타시의 '차 없는 날' 행사에 대한 설명으로 틀린 것은 무엇일까요? ( )
① 매년 두 차례 '차 없는 날' 행사가 열린다.
② 교통 체증과 대기 오염 문제를 시민들에게 알리고, 탄소 배출을 줄이기 위한 행사이다.
③ 오전 5시부터 오후 9시까지 버스와 긴급차량 통행이 금지된다.
④ 온실가스 하루 배출량 수천 톤을 줄일 수 있다.

3 탄소 배출량을 줄이기 위해 할 수 있는 일을 떠올려 아래에 적은 다음, 꼭 실천해 보세요.

문해력 쑥쑥! 어휘사전

★ **대기** | 지구 표면을 둘러싸고 있는 기체

★ **체증** | 교통 흐름이 순조롭지 않아 길이 막히는 상태

★ **온실가스** | 지구 대기를 오염시켜 온실 효과를 일으키는 가스를 통틀어 이르는 말. 이산화탄소, 메탄 따위의 가스를 말한다

✏️ 본문에 나온 한자어 '체증'을 활용한 예문을 작성해 보세요.

예시 체증(滯症 : 막힐 '체', 증세 '증')
출퇴근 시간에는 교통 **체증**이 심해.

환경

'콩 모라토리엄'을 지켜 줘!

개념 쏙쏙! 브라질 대두 모라토리엄*(콩 구매 유예)

브라질의 대두(콩)를 사가는 기업들이 "2008년부터는 숲을 파괴해서 만들어진 농지에서 생산된 콩을 구매하지 않겠다."라고 약속한 합의*를 말해요. 이 합의는 처음 몇 년 동안만 적용될 예정이었지만, 2016년부터 '무기한 적용'으로 변경돼 현재까지 이어져 왔어요.

브라질 경제 지탱하는 대두 농업

브라질은 세계 1, 2위를 다투는 대두 수출국입니다. 단순히 많이 수출하는 것을 넘어, 농업은 브라질 경제를 지탱하는 중요한 축이에요. 그런데, 브라질 국토 대부분은 아마존이라 불리는 열대우림*이에요. 안타깝게도 농사를 지을 수 없는 땅인 거죠. 이에 오래전부터 브라질 농부들과 농업 기업들은 '밀림을 불태워 개간* 해서 농장으로 만드는' 방식으로 농토를 넓히고, 소와 작물을 길러왔어요.

하지만 환경 단체들은 미래를 위해 브라질의 열대우림을 지켜야 한다고 생각했어요. 그래서 '대두 모라토리엄'을 제의했고, 대두를 사가는 기업들의 합의를 이끌어냈어요. 이후 대두 모라토리엄이 실제로 아마존 열대우림의 파괴 속도를 크게 줄였다는 평가를 받아 왔어요.

위기에 놓인 '대두 모라토리엄'

문제는 얼마 전, 브라질 중서부 지방의 마토그로수주(써.고을 주)와 혼도니아주가 정책을 바꿨다는 거예요. 그동안은 대두 모라토리엄에 참여한 가공 및 무역 기업에 세금 혜택을 주었는데, 새로운 법안을 만들어 이 혜택을 크게 줄여버린 거죠.

대두 농업이 큰 비중을 차지하는 다른 주들이나 브라질 의회도 비슷한 법을 도입하는 데 관심을 보이고 있어요. ㉠이들은 지역 대부분이 열대우림으로 뒤덮여 있어, 개발이 꼭 필요하다고 주장해요. 브라질에서 농업 비중*이 큰 이상, 경제 발전을 위해 필요한 선택이라고 말하고 있습니다. 하지만 이런 변화에 환경 단체들은 크게 반발하며, 대두 모라토리엄을 유지하는 것이 꼭 필요하다고 말하고 있어요.

기사를 읽고 퀴즈를 풀어보세요!

1 기사 본문의 밑줄 친 ㉠이 가리키는 것은 무엇인가요? (   )
  ① 마토그로수주와 혼도니아주
  ② 다른 주들이나 브라질 의회
  ③ 대두 모라토리엄에 참여한 가공 및 무역 기업
  ④ 환경 단체들

2 다음 문장이 설명하는 단어는 무엇인가요?

  브라질의 대두를 사가는 기업들이 "2008년부터는 숲을 파괴해서 만들어진 농지에서 생산된 콩을 구매하지 않겠다."라고 약속한 합의를 말해요.

3 빈칸에 알맞은 단어를 채워 문장을 완성해 보세요.

  브라질 국토 대부분은 아마존이라 불리는 ☐☐☐ 이에요. 농사를 지을 수 없는 땅이기 때문에, 오래전부터 브라질 농부들과 농업 기업들은 '밀림을 불태워 개간해서 농장으로 만드는' 방식으로 농토를 넓히고, 소와 작물을 길러왔어요.

문해력 쑥쑥! 어휘사전

★ **모라토리엄** | (Moratorium) 한 나라가 경제적 어려움에 부닥쳐, 외국에 진 빚을 나중에 갚겠다고 선언하는 것

★ **합의** | 서로 의견이 일치함

★ **열대우림** | 일년 내내 기온이 높고 비가 많은 적도 부근의 열대 지방에서 발달하는 숲

★ **개간** | 거친 땅이나 버려 둔 땅을 일궈 논밭이나 쓸모 있는 땅으로 만듦

★ **비중** | 다른 것과 비교할 때 차지하는 중요도

✏️ 본문에 나온 한자어 '비중'을 활용한 예문을 작성해 보세요.

> [예시] 비중(比重 : 견줄 '비', 무거울 '중')
> 내 용돈에서 군것질 값 **비중**이 제일 커.

과학

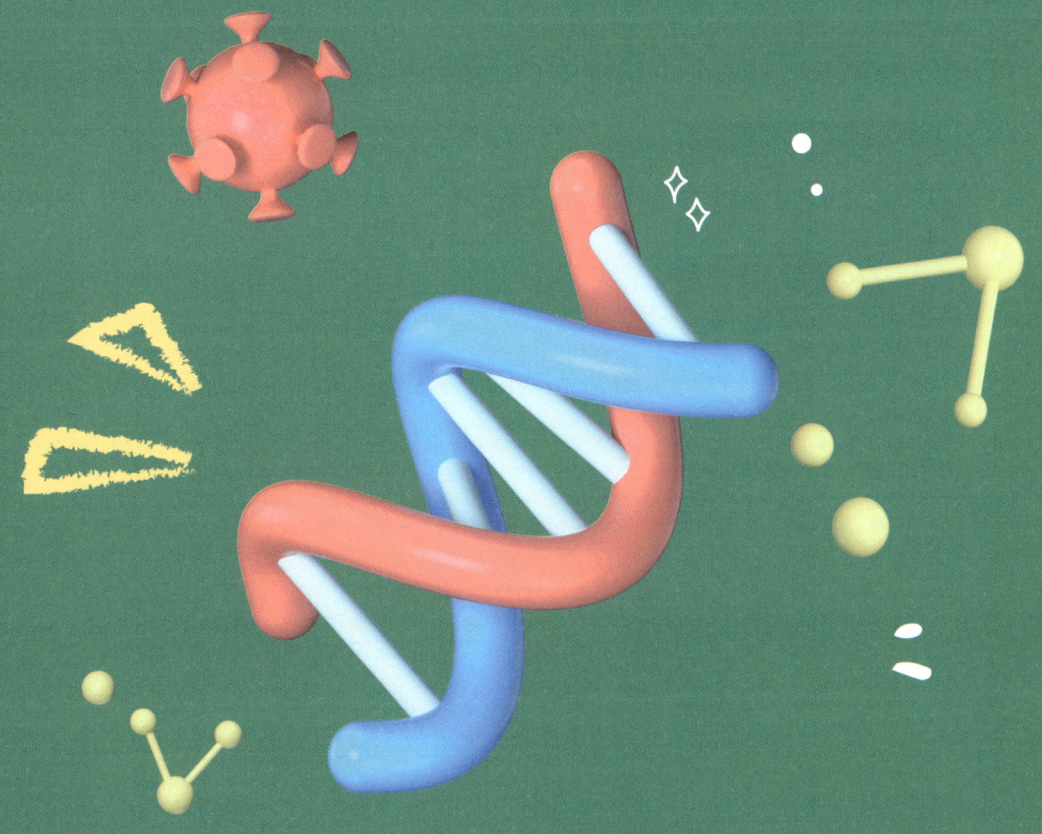

과학

중력의 힘으로 달려라!

> **개념 쏙쏙!** 중력
>
> 지구 위의 물체가 지구로부터 받는 힘, 또는 질량*을 가지고 있는 모든 물체가 서로 잡아당기는 힘을 말해요. 물체의 질량이 클수록 중력도 강해져요. 달이 지구 주위를 도는 것도 중력 때문입니다.

무동력*으로 언덕을 내려오는 비밀

▲ 카다플락 [출처=regional.kompas.com]

첫 번째 장면. 한 사람이 작은 자전거 모양의 탈것으로, 약 45도 경사의 산속 흙길을 질주하고 있어요. 자전거와 비슷한 물건의 이름은 카다플락(kadaplak). 본래는 인도네시아 주민들이 사용하던 전통 손수레가 기원입니다. 옛날에는 농작물을 나르거나 언덕을 빠르게 내려올 때 쓰고는 했는데, 지금은 원래 용도보다 놀이와 경주, 전통 체험용으로 더 많이 쓰인다고 해요.

▲ 레드불 소프박스 자동차 대회
[출처=wikipedia.org]

두 번째 장면. 콜롬비아 수도 '보고타'에서 음료수 기업인 레드불이 개최한 무동력 자동차 경주 대회 모습입니다. '소프박스 자동차 대회'라고도 해요. 어린이들이 직접 만든 무동력 자동차로 언덕에서 달리면서, 솜씨의 속도를 겨루는 경주에서 비롯됐습니다. 참가자는 무동력 자동차로 장애물 가득한 코스를 달려요.

놀이로 체험하는 중력의 힘!

이처럼 카다플락과 무동력 자동차가 엔진 없이 움직일 수 있는 이유는 뭘까요? 바로 중력이 작용*하기 때문입니다. 카다플락과 무동력 자동차가 언덕 위에 있으면, 중력은 이들을 아래로 끌어당깁니다. 그래서 스스로 언덕을 내려오는 것처럼 보이는 거죠. 지구상에서 가장 큰 중력을 가진 물체는 바로 지구입니다. 그 덕분에 우리는 땅에 서서 움직일 수 있고, 공을 하늘 높이 던져도 다시 땅으로 내려오는 거죠. 중력은 우리를 안정적으로 지탱해 줍니다. 중력의 힘, 놀랍지 않나요?

기사를 읽고 퀴즈를 풀어보세요!

1 괄호 안에 들어갈 말은 무엇인가요?

( )은 물체 사이에 작용하는 끌어당기는 힘을 말해요. 지구가 끌어당기는 ( ) 덕분에 우리는 땅에 서 있을 수 있어요. 달이 지구 주위를 도는 것도 ( ) 때문입니다.

2 다음 내용을 읽고 맞으면 O, 틀리면 X를 표기하세요.

- 카다플락은 스스로의 힘으로 언덕을 내려온다. ( )
- 소프박스 자동차 대회에 참가하려면 엔진이 장착된 자동차가 필요하다. ( )
- 지구상에서 가장 큰 중력을 가진 물체는 지구이다. ( )

3 일상에서 중력이 작용하는 사례를 찾아 써보세요.

문해력 쑥쑥! 어휘사전

★ **질량** | 물질이 가지고 있는 고유한 양

★ **무동력** | 동력 장치가 없음

★ **동력** | 전기 또는 자연에 있는 에너지를 쓰기 위해 기계적인 에너지로 바꾼 것

★ **작용** | 어떤 현상을 일으키거나 영향을 미침

✏ 본문에 나온 한자어 '작용'을 활용한 예문을 작성해 보세요.

> [예시] **작용**(作用: 지을 '작', 쓸 '용')
> 알코올은 살균 **작용**을 한다.

과학

미래 AI를 위한 4가지 비밀 무기

개념 쏙쏙! AI 인프라

'인프라'는 사회 기반* 시설을 뜻하는 '인프라스트럭처(Infrastructure)'의 줄임말로, 경제나 생활의 기반이 되는 중요한 구조물을 뜻해요. 도로, 항만, 철도, 통신 등이 여기에 포함되죠. 'AI 인프라'는 인공지능(AI)이 잘 작동하고, 사용자가 활용하기 위해 필요한 모든 시설을 말해요.

트럼프의 AI 빅 프로젝트

도널드 트럼프 미국 대통령은 취임하자마자 미국 역사상 가장 큰 AI 투자 계획을 발표했어요. 중국과의 AI 기술 경쟁에서 이기고, 미국의 AI 발전을 더 빠르게 성장시키는 것이 목표입니다. 초기 1,000억 달러(약 143조 원) 투자를 시작으로, 4년 동안 총 5,000억 달러(약 718조 원)까지 투자를 늘릴 계획이에요.

AI 개발에 큰돈 필요한 이유는?

우리 생활을 편리하게 해주는 AI는 시간이 지날수록 더욱 중요해질 거예요. 마치 지금의 컴퓨터와 스마트폰처럼요. 이를 위해 미리 준비하는 거랍니다. AI가 우리처럼 생각하고 일하려면 4가지 중요한 도구가 필요해요. 이런 도구들이 모두 갖춰져야 AI가 제대로 일할 수 있답니다.

① **컴퓨팅 자원** | AI가 빠르게 생각할 수 있으려면 높은 성능의 GPU(그래픽 처리 장치), AI 작업을 더욱 효율적으로 처리하는 전용 칩 TPU*(텐서 처리 장치)가 필요해요.

② **데이터 관리 시스템** | AI가 정보를 저장하고 배우려면 기억 창고인 데이터센터가 있어야 해요. 데이터를 효율적으로 정리하고 가공할 수 있는 도구와 기술도 필요해요.

③ **AI 소프트웨어 플랫폼** | 머신 러닝* 운영 플랫폼, 데이터 분석 도구 등 AI가 정보를 배우고 실행하는 데 필요한 특별한 프로그램입니다.

④ **네트워크 인프라** | 빠른 데이터 전송을 위한 고속 통신망, 보안 시스템, 그리고 인터넷을 통해 AI 자원을 사용할 수 있게 해주는 시스템인 클라우드 서비스가 있어요.

기사를 읽고 퀴즈를 풀어보세요!

1 빈칸에 알맞은 단어를 채워 문장을 완성해 보세요.

AI ☐☐☐ 는 인공지능(AI)이 잘 작동하고, 사용자가 활용하기 위해 필요한 모든 시설을 말해요.

2 내용이 서로 연결되는 단어끼리 선을 이어보세요.

컴퓨팅 자원 ·	· 머신러닝 운영 플랫폼, 데이터 분석 도구
데이터 관리 시스템 ·	· 고속 통신망, 보안 시스템, 클라우드 서비스
AI 소프트웨어 플랫폼 ·	· GPU, TPU
네트워크 인프라 ·	· 데이터센터

3 우리 삶을 편리하게 해주는 AI. 하지만 이로 인해 생기는 문제도 많아요. 정보에 무분별하게 노출될 수 있고, 거짓 정보도 많습니다. 개인정보 해킹 등의 우려도 있어요. 안전한 AI 활용을 위해 필요한 행동이 무엇인지 자유롭게 써보세요.

문해력 쑥쑥! 어휘사전

★ **기반** | 기초가 되는 바탕. 또는 사물의 토대

★ **TPU** | 구글이 만든 데이터 분석 및 딥 러닝용 하드웨어

★ **딥 러닝** | (Deep Learning) 인간의 뇌를 본떠서 만든 기계 학습 기술

★ **머신 러닝** | (Machine Learning) 기계 학습. 컴퓨터가 데이터를 통해 학습하고, 스스로 개선할 수 있는 AI의 한 분야

✏️ 본문에 나온 한자어 '기반'을 활용한 예문을 작성해 보세요.

예시 기반(基盤: 터 '기', 소반 '반')
실화에 **기반**을 둔 영화를 특히 좋아해.

과학

밀거래 막는 '동물 파트너' 등장!

개념 쏙쏙! 감비아 주머니쥐

설치류 동물로, 햄스터처럼 뺨에 큰 주머니가 있어 붙여진 이름이에요.

훈장 받은 쥐, 마가와

사진 속에 메달을 목에 건 쥐가 있네요? '아프리카 거대 주머니쥐' 또는 '감비아 주머니쥐'라고 불리는 종인데, 무게 1.5~2㎏, 몸길이 90㎝까지 자라요. 세계에서 가장 큰 쥣과 동물로 손꼽힙니다. 이름은 마가와. 벨기에의 NGO* 아포포(APOPO)에서 훈련 받은 쥐였어요.

▲ 아포포 [출처=apopo.org]

2016년 캄보디아 파견을 시작으로, 은퇴할 때까지 71개의 대인지뢰*와 38개의 불발탄*을 찾아냈어요. 마가와는 많은 사람의 목숨을 구하고, 2022년 8살로 수명을 다했답니다. 이 공로를 인정받아 2021년 영국의 동물보호 단체로부터 메달을 받았죠.

아프리카 거대 쥐, 세계 무역 지킴이 될까

주머니쥐의 특별한 능력에 주목한 NGO 아포포는 과학자들과 손잡고, '후배 주머니쥐'들에 대한 훈련과 연구를 계속했어요. 훈련받은 주머니쥐들이 항구의 복잡한 물건 속에서 코끼리 상아, 코뿔소 뿔, 천산갑 비늘 등을 찾는 활동이었어요. 성공한다면, 야생동물 밀거래*를 단속하는 탐지 요원으로 활약할 수 있다는 뜻입니다. 놀랍게도, 주머니쥐들은 두 번의 테스트에서 좋은 성적을 거뒀답니다.

아프리카 거대 주머니쥐는 시력이 약한 대신, 후각과 청각이 크게 발달한 동물입니다. 마가와가 땅속 지뢰와 불발탄을 인간보다 훨씬 빠르게 찾아낼 수 있었던 비결이죠. 쥐는 예전부터 더러움의 상징이었고, 때로는 전염병의 위협과 확산*을 의미하기도 했어요. 하지만 앞으로는 세세한 곳까지 파고드는 법과 질서의 상징이 될 수도 있겠죠?

기사를 읽고 퀴즈를 풀어보세요!

1 빈칸에 알맞은 단어를 채워 문장을 완성해 보세요.

아프리카 거대 주머니쥐는 ☐☐이 약한 대신, ☐☐과 ☐☐이 크게 발달한 동물입니다. 마가와가 땅속 지뢰와 불발탄을 인간보다 훨씬 빠르게 찾아낼 수 있었던 비결이죠.

2 다음 중 주머니쥐와 관련된 내용으로 옳은 것은 무엇인가요? ( )

① 아프리카 거대 주머니쥐는 세계에서 두 번째로 큰 쥣과 동물이다.
② 주머니쥐 아포포는 은퇴할 때까지 71개의 대인지뢰와 38개의 불발탄을 찾아냈다.
③ 아포포는 야생동물 밀거래를 단속하는 탐지 요원 후보로 주머니쥐를 선택했다.
④ 아프리카 거대 주머니쥐는 시력이 크게 발달했다.

3 여러분이 좋아하는 동물들의 특별한 능력과, 그 능력을 발휘할 수 있는 분야를 찾아 써보세요.

문해력 쑥쑥! 어휘사전

★ **NGO** | 정부가 아닌 민간단체가 중심이 돼 만들어진 국제 조직

★ **대인지뢰** | 사람을 죽이거나 다치게 하려고 만든 지뢰

★ **확산** | 흩어져 널리 퍼짐

★ **불발탄** | 발사되지 않았거나 발사됐어도 터지지 않은 탄알, 포탄, 폭탄 따위를 통틀어 이르는 말

★ **밀거래** | 규범을 어기면서 몰래 사고파는 행위

✏ 본문에 나온 한자어 '확산'을 활용한 예문을 작성해 보세요.

예시 확산(擴散: 넓힐 '확', 흩을 '산')
병충해가 **확산**해서 농사 피해가 크다.

과학

아스피린 원료가 버드나무?

개념 쏙쏙! 부작용
약이 지닌 그 본래의 작용 이외에 부수적*으로 일어나는 작용을 말해요. 대개 좋지 않은 경우를 이릅니다.

최초의 합성 해열 진통제 '아스피린'

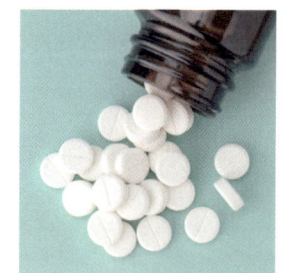

치렁치렁 잎과 가지를 늘어뜨린 버드나무는 조선시대 유명한 왕인 정조(제22대)가 좋아한 나무로 역사책에 등장해요. 한편으로는 껍질과 잎에 열을 내리고 통증을 줄이는 성분이 있어, 우리나라만 아니라 외국에서도 약재*로 많이 쓰인 식물입니다.

이 버드나무에서 찾을 수 있는 약재 성분의 이름이 '살리실산'이에요. 다만 그대로 쓰기에는 부작용이 많았죠. 독일의 바이엘사는 화학성분을 합성해 부작용을 줄인 아세틸살리실산을 만드는 데 성공했고, 이를 약물로 만든 뒤 '아스피린'이라는 이름으로 1899년에 특허* 및 상표를 등록했어요. 이후 100년 넘는 세월이 지난 오늘날까지도 유용하게 쓰이고 있답니다.

자연에서 얻는 약들

자연에서 원료를 가지고 온 약은 이밖에도 많아요. '키니네'는 진초나나무 껍질에서 분리한 약으로, 말라리아 치료에 사용해요. '칼라바르'는 콩에서 나오는 약이에요. 녹내장 치료에 사용하죠. '튜보코카린'은 아마존 열대 우림에 사는 쿠라렐리아나로 만든 근육이완제예요. 수술할 때 사용해요.

이처럼 우리가 먹는 약 중에는 아스피린처럼 자연에서 유래한 것들이 많아요. 한약재도 대부분 자연에서 온 것이고요. 우리가 자연을 보호해야 할 또 다른 이유겠죠?

참, 아스피린은 18세 미만의 어린이와 청소년이 먹으면 안 돼요. 심각한 부작용이 발생할 수 있거든요. 의약품 복용은 언제나 의사 선생님의 지도를 따르는 것, 절대 잊어선 안 돼요!

기사를 읽고 퀴즈를 풀어보세요!

1 다음에서 설명하고 있는 무엇인가요?

약이 지닌 그 본래의 작용 이외에 부수적으로 일어나는 작용을 말해요. 대개 좋지 않은 경우를 이릅니다.

2 다음 중 기사와 관련된 내용으로 옳은 것은 무엇인가요? (   )

① 버드나무 뿌리에는 열을 내리고 통증을 줄이는 성분이 있다.
② 버드나무에서 찾을 수 있는 약재 성분의 이름은 아세틸살리실산이다.
③ 독일의 바이엘사는 1899년에 아스피린의 특허 및 상표를 등록했다.
④ 아스피린은 어린이와 어른 누구나 먹을 수 있는 약이다.

3 다음 내용을 읽고 맞으면 O, 틀리면 X를 표기하세요.

· 키니네는 녹내장 치료에 사용한다. (   )
· 칼라바르는 말라리아 치료에 사용한다. (   )
· 튜보코카린은 수술할 때 근육이완제로 사용한다. (   )

문해력 쑥쑥! 어휘사전

★ **부수적** | 주된 것이나 기본적인 것에 붙어서 따르는

★ **특허** | 새로운 기술이나 발명을 한 사람이나 기업에게 그 발명에 대한 독점권을 주는 제도

★ **약재** | 약을 짓는 데 쓰는 재료

✏️ 본문에 나온 한자어 '특허'를 활용한 예문을 작성해 보세요.

예시 특허(特許: 특별할 '특', 허락할 '허')
거북선이 명예 **특허**를 받게 됐대.

과학

감정까지 읽는 '페이스테크'

> **개념 쏙쏙!** 페이스테크
>
> 얼굴(표정)을 뜻하는 '페이스(Face)'와 기술을 뜻하는 '테크놀로지(Technology)'를 합친 말이에요. 사람의 표정과 감정을 인식*해 맞춤형 서비스를 제공하는 기술을 가리켜요.

페이스테크의 진화*

▲ [출처=현대자동차그룹 유튜브]

스마트폰 잠금을 해제하는 페이스 아이디, 거주자의 얼굴을 식별*해 문을 열어주는 도어 락, 안면 인식 결제. 우리 일상에서 쉽게 찾아볼 수 있는 페이스테크입니다.

페이스테크는 단순히 얼굴 생김새를 인식하는 것뿐 아니라, 사람의 표정과 감정을 읽어 필요한 서비스를 제공하는 방향으로 진화하고 있어요. 호주의 한 회사는 운전자의 표정을 인식하는 장치를 개발했어요. 운전자가 피곤하거나 조는 표정을 지으면, 장치가 이를 인식하고 경고를 보내거나 의자를 진동시켜서 운전자를 깨우는 거예요. 현대자동차는 병원에서 힘든 시간을 보내는 어린이 환자들을 위해 특별한 자동차를 만들었어요. 어린이를 태우고 다니면서 표정과 심장 박동 수 등을 분석해, 안정감을 느낄 수 있도록 도와줍니다.

개인 정보 침해 논란도

하지만 페이스테크에도 단점이 있어요. 가장 큰 문제점은 개인 정보 침해입니다. 기계가 사람의 표정과 감정을 잘 읽어내려면, 그만큼 학습시켜야 해요. 이 과정에서 개인이 SNS에 올린 사진 등, 허락 받지 않은 타인의 얼굴이 사용될 수 있어요. 게다가 사람의 얼굴은 비밀번호처럼 쉽게 바꿀 수 없어요. 얼굴 정보가 유출*된다면 심각한 범죄로 이어질 수도 있습니다.

한편, 지난 코로나19 사태 때처럼 마스크를 필수로 써야 할 때는 큰 불편함을 불러일으킬 수 있어요. 얼굴이 닮은 사람을 어떻게 정확히 구별할 것인지도 앞으로 발전을 통해 더 보완해야 할 부분입니다.

기사를 읽고 퀴즈를 풀어보세요!

1 다음 문장을 읽고 괄호 안에 알맞은 단어를 골라 동그라미 치세요.

사람의 표정과 감정을 인식해 맞춤형 서비스를 제공하는 기술을 (페이스테크, 이모션테크)라고 해요. 단순히 얼굴 생김새를 인식하는 것뿐 아니라, 사람의 표정과 감정을 읽어 필요한 서비스를 제공하는 방향으로 진화하고 있어요.

2 다음 내용을 읽고 맞으면 O, 틀리면 X를 표기하세요.
- 페이스 아이디, 안면 인식 결제 등은 페이스테크를 활용한 것이다. (   )
- 페이스테크는 사람의 표정과 감정을 읽어 필요한 서비스를 제공하는 방향으로 진화하고 있다. (   )
- 호주의 한 회사는 어린이 환자들을 위해 특별한 자동차를 만들었다. (   )

3 다음 중 페이스테크의 문제점에 해당하지 않는 것을 고르세요. (   )

① 기계에 필요한 학습 데이터의 양이 부족하다.
② 허락 받지 않은 타인의 얼굴이 사용될 수 있다.
③ 얼굴 정보가 유출돼 심각한 범죄로 이어질 수 있다.
④ 얼굴이 닮은 사람을 구별하기 어렵다.

문해력 쏙쏙! 어휘사전

★ **인식** | 사물을 분별하고 판단해 앎

★ **진화** | 일이나 사물 따위가 점점 발달해 감

★ **식별** | 서로 다른 일이나 사물을 구별하고 알아봄

★ **유출** | 밖으로 흘러 나가거나 흘려 내보냄

알 '인', 알 '식'	나아갈 '진', 될 '화'	알 '식', 나눌 '별'	흐를 '유', 날 '출'
認識	進化	識別	流出

💬 본문에 나온 한자어를 소리 내어 읽고 써보세요.

과학

이혼하는 새, 결혼 못하는 거북

> **개념 쏙쏙!** **멸종위기종**
> 가까운 미래에 사라질 위험에 처한 야생 생물을 말해요.

급변하는 기후, 위험에 빠진 생물들

지구의 환경과 생태계*는 서로 밀접*한 영향을 주고받으며 살아가요. 하지만 환경오염으로 기후변화가 매우 빨라지면서, 수많은 동식물이 살아남기 어려운 위기에 처했습니다. 기후변화가 생물들에게 어떤 영향을 주는지 아는 것은 지구와 인류의 미래를 위해서도 아주 중요한 일이에요.

번식 포기하는 바다 갈매기

짙은 눈썹이 매력적인 검은눈썹알바트로스는 원래 한 마리의 짝과 평생을 함께하는 금슬* 좋은 바다 갈매기예요. 그런데, 최근 이들의 '이혼'이 늘고 있다고 해요. 기후변화로 바닷물 온도가 올라가면서, 먹이를 구하기 어려워졌기 때문입니다. 수컷 알바트로스는 더 먼 곳까지 날아가 더 오랫동안 사냥해야 해요. 그러다 보니 번식기가 돼도 둥지로 돌아오지 못하는 경우가 생기죠. 게다가 사냥 스트레스도 커져서, 서로 싸우고 번식을 포기하는 경우도 생기고 있어요.

암컷만 많아지고 있는 거북

푸른바다거북은 1억 년 이상 바다에서 살아남은 강한 종이에요. 하지만 지금, 이들도 멸종* 위기에 놓였어요. 암컷에 비해, 수컷의 개체수가 심각하게 부족하기 때문입니다. 푸른바다거북의 알은 따뜻한 온도에서는 암컷, 차가운 온도에서는 수컷으로 부화*해요. 그런데 지구온난화로 알을 낳는 모래사장의 온도가 높아져, 암컷 거북만 점점 더 많이 태어나고 있어요. 게다가 해수면*이 상승하고 폭풍이 잦아지면서*, 모래 속에 묻혀 있던 알이 깨지거나 사라지는 일도 늘어나고 있어요.

기사를 읽고 퀴즈를 풀어보세요!

1 '가까운 미래에 사라질 위험에 처한 야생 생물'을 무엇이라고 하나요?

☐

2 다음 중 틀린 것을 고르세요. (   )

① 지구의 환경과 생태계는 서로 밀접한 영향을 주고받는다.
② 검은눈썹알바트로스는 한 마리의 짝과 평생을 함께해 왔다.
③ 푸른바다거북은 1억 년 이상 바다에서 살아남은 종이다.
④ 푸른바다거북의 알은 어미의 먹이에 따라 성별이 결정된다.

3 푸른바다거북의 알에서 암컷 거북이 점점 더 많이 태어나고 있는 이유는 무엇일까요?

문해력 쑥쑥! 어휘사전

★ **생태계** | 많은 종의 생물들이 기후나 토양, 태양에너지 등의 주위 환경과 밀접한 관계를 맺고 있는 것

★ **밀접** | 아주 가깝게 맞닿아 있음. 또는 그런 관계에 있음

★ **금슬** | 거문고와 비파를 아울러 이르는 말. 부부 간의 화목한 즐거움

★ **멸종** | 생물의 한 종류가 아주 없어짐. 또는 생물의 한 종류를 아주 없애 버림

★ **부화** | 동물의 알 속에서 새끼가 껍데기를 깨고 밖으로 나옴. 또는 그렇게 되게 함

★ **해수면** | 바닷물의 표면

★ **잦아지다** | 어떤 일이나 행위 따위가 자주 있게 되다

✏️ **본문에 나온 한자어 '밀접'을 활용한 예문을 작성해보세요.**

예시 밀접(密接: 빽빽할 '밀', 이을 '접')
비만은 식사량과 **밀접**한 관련이 있다.

과학

스파이더맨 거미줄 '발사부착탄'

> **개념 쏙쏙!** 원심력
>
> 물체가 원을 그리며 회전할 때, 원의 중심에서 멀어지려는 힘이에요. 회전 그네에서 몸이 바깥쪽으로 밀려나는 느낌처럼, 회전 속도가 빠를수록 원심력은 강해져요.

도주* 차량? 이젠 쉽게 잡아요~

도망가는 자동차를 멈추게 할 초능력 같은 비밀 무기가 등장했어요. 광주과학기술원(GIST)의 과학자들이 '발사부착탄'이라는 새로운 기술을 개발했거든요.

발사부착탄은 이름 그대로 탄알을 발사해 어딘가에 부착*하는 것입니다. 마치 스파이더맨의 거미줄처럼 멀리 있는 차량에도 정확히 날아가 붙어

▲ [출처=광주과학기술원]

요. 얇고 넓게 펼쳐지는 접착제*를 사용해, 최대 10m 거리에서도 안정적으로 부착할 수 있어요. 원심력을 이용해 스파이더맨의 거미줄처럼 접착 면적*을 넓혀서, 울퉁불퉁한 표면에도 강하게 밀착*되죠.

위치 추적도 가능해!

더 놀라운 사실은 여기에 위치추적기가 들어 있어, 실시간으로 그 위치를 확인할 수 있다는 거예요. 이 때문에 범죄 차량을 추적하는 것뿐 아니라, 다양한 상황에서도 이 기술을 활용할 수 있어요.

예를 들어, 화재 현장에서 무선 카메라를 건물 내부에 발사해, 실시간으로 상황을 살펴볼 수 있어요. 혹은 드론이 발사부착탄을 사용해, 숲속에서 사라진 아이의 위치를 추적할 수도 있죠. 화산 폭발로 위험한 지역의 정보 수집에 사용할 수도 있고요. 심지어 바다에서 떠내려간 물건을 찾는 데도 쓸 수 있습니다.

발사부착탄은 영화 속에서나 등장하는 우리의 상상을 현실로 만들어 주는 도구예요. 범죄와 재난 현장에서 우리의 안전을 지켜줄 이 발명품, 정말 흥미롭지 않나요?

기사를 읽고 퀴즈를 풀어보세요!

1 다음 문장을 읽고 괄호 안에 알맞은 단어를 골라 동그라미 치세요.

광주과학기술원(GIST)의 과학자들이 '발사부착탄'이라는 새로운 기술을 개발했어요. 스파이더맨의 거미줄처럼 접착 면적을 넓히는 기술에는 (밀착력, 원심력)을 이용했어요.

2 발사부착탄 기술에 대한 설명으로 틀린 것을 고르세요. (   )

① 광주과학기술원(GIST)의 과학자들이 개발했다.
② 탄알을 발사해 무언가를 파괴하는 기술이다.
③ 이 기술을 활용한 무선 카메라로 화재 현장 상황을 살펴볼 수 있다.
④ 화산 폭발로 위험한 지역의 정보 수집에 사용할 수 있다.

3 생활 속에서 원심력이 작용하는 사례를 찾아 적어보세요.

문해력 쑥쑥! 어휘사전

★ **도주** | 피하거나 쫓겨 달아남

★ **부착** | 떨어지지 않게 붙음. 또는 그렇게 붙이거나 닮

★ **접착제** | 두 물체를 서로 붙이는 데 쓰는 물질

★ **면적** | 평평한 공간의 크기. 땅이나 물건의 크기를 비교할 때 쓰임

★ **밀착** | 빈틈없이 단단히 붙음

✏️ 본문에 나온 한자어 '밀착'을 활용한 예문을 작성해 보세요.

> **예시** 밀착(密着: 빽빽할 '밀', 붙을 '착')
> 추울 때 서로 **밀착**해 있으면 덜 추워.

과학

겨울 화단 속 '꽃양배추'의 비밀

> **개념 쏙쏙!** 꽃양배추
>
> 야생겨자에서 개량*된 케일과 양배추를 관상*용으로 발전시킨 식물이에요. 꽃봉오리를 채소로 이용하기도 해요. 꽃말은 '축복'이에요.

혹한*에도 끄떡없는 '꽃양배추'

추운 날씨에도 혼자 파릇파릇한 '꽃양배추'를 본 적이 있나요? 알록달록한 빛깔에 채소를 닮은 생김새로, 한겨울 우리나라 거리를 수놓는 주인공이에요. 겉모습은 여리지만, 생각보다 강한 식물이기도 합니다. 무려 영하 15℃의 강추위를 견딜 수 있어요.

꽃양배추의 원산지는 북유럽. 추운 지역에서 나고 자랐다는 특징도 있지만, 사람들의 연구와 개량을 거쳐 지금처럼 추위를 잘 이겨내게 됐어요. 찬바람이 불수록 더욱 진한 색을 띤다는 점도 꽃양배추만의 매력이죠.

우리나라의 겨울은 춥고 긴 편이에요. 줄여서 잡아도 12월부터 이듬해 2월까지 3개월에 걸쳐 있죠. 1년은 열두 달이니까, 한 해 가운데 4분의 1은 겨울이 차지하는 셈이에요. 꽃양배추는 겨우내 휑한 도롯가를 채워주는 역할을 해요.

저렴한 가격, 튼튼한 체력

꽃양배추 말고도 사계절 내내 푸른 식물은 더 있어요. 애국가에 등장하는 소나무가 대표적이죠. 바람, 서리에도 변하지 않으니 경제적일 것 같은데, 현실은 달라요. 우선 소나무는 비싸요. 한 그루 값이 수십~수백만 원이에요. 굳세다는 인상과 달리 공해에도 약해서, 자동차가 많이 달리는 길가에 심기 적당하지 않습니다.

꽃양배추는 정반대예요. 가격이 싸서 비용 부담이 적으니, 마르거나 죽더라도 곧바로 바꿔 심을 수 있어요. 대기오염에도 강하고, 화려한 색깔로 차가운 겨울 거리의 분위기도 밝게 만들어요. 혹독한 겨울 날씨를 참고 버텨내면, 꽃 같은 축복의 시간도 올 것이란 약속을 다짐하는 것 같죠?

기사를 읽고 퀴즈를 풀어보세요!

1 빈칸에 알맞은 단어를 채워 문장을 완성해 보세요.

꽃양배추는 야생겨자에서 ☐☐ 된 케일과 양배추를 ☐☐☐ 으로 발전시킨 식물입니다.

2 꽃양배추가 관상용으로 적당한 이유가 아닌 것을 고르세요. (   )

① 가격이 싸서 비용 부담이 적다.
② 강추위를 견딜 수 있다.
③ 대기오염에 강하다.
④ 색깔이 통일성 있다.

3 다음 내용을 읽고 맞으면 O, 틀리면 X를 표기하세요.

- 꽃양배추의 원산지는 동남아시아이다. (   )
- 꽃양배추는 찬바람이 불수록 진한 색을 띤다. (   )
- 꽃양배추의 꽃말은 '인내'이다. (   )

문해력 쑥쑥! 어휘사전

★ **개량** | 나쁜 점을 보완해 더 좋게 고침
★ **혹한** | 몹시 심한 추위
★ **관상** | 취미에 맞는 동식물 따위를 보면서 즐김

고칠 '개', 좋을 '량'	볼 '관', 상줄 '상'	심할 '혹', 찰 '한'
改良	觀賞	酷寒

💬 본문에 나온 한자어를 소리 내어 읽고 써보세요.

과학

아무도 몰랐던 생수병의 진실!

개념 쏙쏙! 활성산소

우리 몸에서 사용하고 남은 산소로, 세포를 망가뜨려 노화*와 병을 일으키는 원인이 돼요. 하지만 적당한 양의 활성산소는 면역* 기능과 세포 신호 전달에 꼭 필요해요.

생수가 수돗물보다 좋을까?

 많은 사람들이 생수가 수돗물보다 안전하고 몸에 더 좋다는 믿음으로 생수를 마시고 있어요. 과연 그럴까요?
 미국 뉴욕의대와 카타르의 웨일코넬의대 연구진은 생수병 속에 숨어 있는 놀라운 비밀을 밝혀냈어요. 생수병이 햇빛이나 높은 온도에 오래 노출*될 경우, 플라스틱에서 유해* 화학 물질이 흘러나올 수 있다는 사실이에요.
 연구진에 따르면, 연구를 위해 모은 생수 샘플의 10~78%에서 미세 플라스틱, 프탈레이트, 비스페놀A 같은 물질이 발견됐대요. 이들은 건강에 심각한 영향을 미칠 수 있어요.
 특히, 미세 플라스틱은 신체에 활성산소를 늘려서 정상세포를 망가뜨리고, 면역 체계를 약하게 만들며, 혈액의 지방 수치를 높일 수 있어요. 또한 비스페놀A는 고혈압, 심혈관 질환, 당뇨병, 비만과 같은 건강 문제와 깊은 관련이 있죠.

생수병이 우리를 위협해요!

 생수병은 단순히 건강에만 문제를 일으키는 것이 아니에요. 플라스틱 병을 만드는 과정에서 온실가스가 배출되고 생수병의 재활용률은 9%에 불과해, 환경에도 악영향을 미쳐요. 반대로 수돗물은 생수보다 엄격한 품질 기준을 따르며, 환경적인 부담도 적습니다.
 생수병 속에 숨은 과학적 진실을 알았다면, 우리가 매일 마시는 물에 대해 더 깊이 생각해볼 필요가 있지 않을까요?

기사를 읽고 퀴즈를 풀어보세요!

1 기사를 읽고, 빈칸에 알맞은 단어를 채워 문장을 완성해 보세요.

미국 뉴욕의대와 카타르의 웨일코넬의대 연구진은 생수병이 햇빛이나 높은 온도에 오래 ☐☐ 될 경우, ☐☐☐☐☐ 에서 유해 화학 물질이 흘러나올 수 있다는 사실을 밝혀냈어요.

2 다음 내용을 읽고 맞으면 O, 틀리면 X를 표기하세요.

- 생수가 수돗물보다 안전하고 몸에 더 좋다. ( )
- 미세 플라스틱은 신체에 활성산소를 늘려서 정상세포를 망가뜨린다. ( )
- 비스페놀A는 고혈압, 심혈관 질환, 당뇨병, 비만과 관련이 있다. ( )

3 다음 중 기사와 관련된 내용으로 옳은 것은 무엇인가요? ( )

① 활성산소는 우리 몸에서 사용하고 남은 산소이다.
② 프탈레이트, 비스페놀A는 우리 건강을 지켜주는 물질이다.
③ 생수병의 재활용률은 19%이다.
④ 수돗물은 생수보다 환경적인 부담이 크다.

문해력 쑥쑥! 어휘사전

★ **노화** | 시간이 흐름에 따라 생체 구조와 기능이 쇠해, 전보다 못해 가는 현상

★ **면역** | 외부의 유해물질이나 병원균으로부터 몸을 보호하는 방어 체계

★ **노출** | 겉으로 드러나거나 드러냄

★ **유해** | 해로움이 있음

✏️ 본문에 나온 한자어 '유해'를 활용한 예문을 작성해 보세요.

예시 유해(有害: 있을 '유', 해할 '해')
  유해한 식품을 먹어선 안 돼.

과학

가습기살균제 피해, 빅데이터로 증명

개념 쏙쏙! **빅데이터**

우리가 매일 사용하는 컴퓨터, 모바일 기기, 기계 센서 등에서 흐르는 엄청난 양의 데이터, 또는 이를 활용해 결과를 분석하는 기술을 말해요.

숨은 진실 밝혀낸 '빅데이터'

1994년부터 17년 동안 판매된 가습기살균제가 우리 국민 5천 명 이상에게 피해를 입힌 사실, 여러분은 혹시 알고 있나요? 가습기를 좀더 깨끗이 쓰려고 사용했던 가습기살균제에, 호흡기*를 해치는 독성물질이 들어 있었던 거죠.

 그런데 가습기살균제가 호흡기 질환의 원인이라는 사실이, 빅데이터를 통해 과학적으로 확인됐어요. 연세대 원주의과대학 연구진은 건강보험 빅데이터를 분석해서, 가습기살균제가 다양한 호흡기 질환과 관련이 있다는 것을 밝혀낸 거예요.

 특히, 가습기살균제가 판매되던 시기에 태어난 어린이들에게서 감기로 인한 입원 비율이 높게 나타났고, 특정 출생연도에 따라 피해가 더 두드러지게 나타난 사실도 알아냈죠.

빅데이터, 유익하게 활용해요!

 연구진은 또한, 가습기살균제가 심혈관 질환에도 영향을 미칠 가능성이 있다고 봤어요. 여성의 경우 가습기살균제 사용 전후로 급성 심근경색 발생률이 소폭* 증가했으며, 가습기살균제에 노출된 여성들에게서는 상대위험도가 더 높게 나타났다고 해요.

 하지만 연구진은 급성 심근경색 발생 건수가 적어 통계적으로 검증*하는 데 한계가 있으므로, 가습기살균제가 급성 심근경색 발생에 영향을 주는지에 대해선 더 자세한 연구가 필요하다고 했어요.

 빅데이터를 활용한 이번 연구로 많은 사람들의 건강 정보를 분석할 수 있었고, 숨은 진실까지 밝혀낼 수 있었어요. 빅데이터가 우리 삶에 유익하게 활용되고 있음을 보여주는 좋은 사례입니다.

기사를 읽고 퀴즈를 풀어보세요!

1 단어에 관한 설명을 토대로, 퍼즐 속에 숨은 어휘를 찾아 동그라미 치세요.

급	물	살	급	수	술
수	질	환	우	빅	맥
혈	량	자	체	데	이
액	신	연	구	이	익
체	경	산	수	터	전
험	통	계	학	문	답

① 엄청난 양의 데이터, 또는 이를 활용해 결과를 분석하는 기술 (4자)
② 몸의 온갖 병 (2자)
③ 어떤 현상을 종합적으로 한눈에 알아보기 쉽게 일정한 체계에 따라 숫자로 나타냄 (2자)

문해력 쑥쑥! 어휘사전

★ **호흡기** | 숨을 쉬는 기관
★ **검증** | 검사해 증명함
★ **소폭** | 적은 정도로

내쉴 '호', 마실 '흡', 그릇 '기'	작을 '소', 폭 '폭'	검사할 '검', 증거 '증'
呼吸器	小幅	檢證

💬 본문에 나온 한자어를 소리 내어 읽고 써보세요.

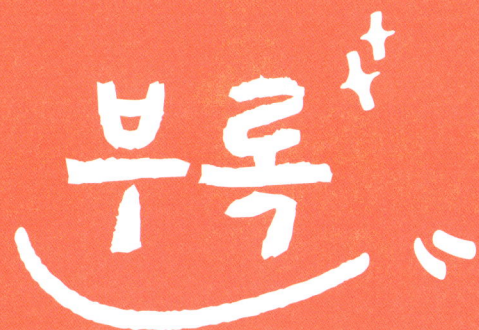

- 요모J0모 뉴스
- 정답

요모조모 뉴스 news

이 세상에는 매일 수많은 일들이 벌어지고 있어! 기쁘고 즐거운 일도 있지만 때로는 슬프고 화나는 일도 일어나지. 무슨 일일까 궁금하지 않아? 그래서 준비했어! 넘쳐나는 이야기 속 주목할 만한 소식만 콕콕 찍어 모아왔다구! 과연 세상엔 어떤 흥미로운 일들이 벌어지고 있을까?

진로N

40년 만에 바뀌는 '우체통', 택배도 OK!

동네마다 하나씩 보이던 빨간 우체통, 이제는 찾아보기 힘들어졌지만 곧 새로운 모습으로 돌아온다고 해! 무려 40년 만의 변화라고 하는데, 이번엔 더 실용적으로 바뀌었어.

우선, 우체통으로 작은 택배(2호 상자, 27×18×15cm 크기)까지 보낼 수 있게 됐어. 그리고 환경을 생각해서 폐의약품과 폐커피캡슐을 수거할 수 있는 'ECO 칸'도 추가된다고 해. 마지막으로, 우체통 재질도 재활용 가능한 철제 강판으로 교체해 친환경적으로 변신!

다만, 우편물 칸이 커졌다고 해서 쓰레기를 버리면 큰일 나! 우체통 안에 쓰레기를 버리다 적발되면 최대 3년 이하 징역 또는 3,000만 원 이하 벌금에 처해질 수 있으니 주의하자!

에크 우체통 실물, 우정사업본부

[위험?] 7년 후 소행성 충돌 확률 2.2%

2032년에 '2024 YR4'라는 소행성이 지구랑 충돌할 확률이 2.2%래. NASA랑 ESA(유럽우주국)가 발표하길, 원래 충돌할 확률은 1.3%인데 최근에 두 배 가까이 오른 거야.

하지만, 전문가들 말로는 너무 걱정할 필요는 없대. 소행성 궤도는 자주 바뀌니까 앞으로 충돌할 확률이 다시 낮아질 수도 있다는 거지. 실제로 과거에 지구랑 충돌할 뻔했다는 대형 소행성들도, 충돌 확률은 0%에 가까웠다고 하니까ㅎㅎ. 그리고 이미 과학자들이 다양한 방법으로 소행성에 대응할 준비를 하고 있으니까 안심해도 좋을 것 같아!

> 뻥아님

KFC '치킨맛 치약' 등장

미국 패스트푸드 기업 KFC가 지난 4월 1일, 독특한 신제품을 출시했어. 그건 바로 치킨과 치약을 합친 '치킨맛 치약'이야ㅋㅋㅋ. 뭔가 알 것 같으면서도 상상이 되지 않는 이 치약은, KFC의 전설적인 11가지 허브와 향신료에 영감을 받아 탄생했다고 해. 브랜드 특유의 육즙 가득한 오리지널 치킨을 한입 베어 무는 듯한 맛을 선사한다나 뭐라나(?). 치약에 불소는 없지만 구강 건강에는 효과가 있다는 설명. 가격은 우리 돈으로 약 1만 9,000원. 출시한지 일주일만에 완판됨. KFC와 컬래버를 진행한 치약업체 측은 "우리는 경계를 넓히는 것을 좋아한다."라며 "이번 협업은 대담하고, 예상치 못했으며 재미있었다."라고 말했어. 난 양치할 때마다 치약이 먹고 싶어질 거 같은데ㅋㅋ 너네 생각은 어때? ٩(ᐛ)۶

한국 절 근황... 기계가 대신 종 쳐줌

"뎅~" 새벽 공기를 가르며 울려 퍼지는 절의 범종 소리, 그런데 이 커다란 종을 사람이 아니라 기계가 친다면? 최근 군종특별교구에서 사람 대신 범종을 대신 쳐주는 장치 '타종이'를 개발했어ㅋㅋㅋ. 사람이 직접 큰 종을 여러 번 치려면, 체력도 체력인데 정확한 박자와 강약을 유지하는 게 쉽지 않거든. 게다가 저출생으로 타종에 필요한 승려 인력도 점점 줄어드는 현실ㅠ,,

타종이는 범종을 치는 굵은 통나무 '당목'이라는 도구 아래에 설치되는 기계야. 당목을 '회전운동'에서 '직선운동'으로 변환하는 원리를 이용해 왕복운동 시켜. 필요하면 뗐다 붙였다 할 수도 있고, 이미 2년 전에 특허도 냄~

타종이로 타종한 소리는 생각보다 꽤 자연스럽대. 덕분에 타종 시간이 규칙적으로 관리되고, 종소리도 한결같아짐ㅎㅎ(주지 스님 PICK!). 대신 사람 손맛(?)이 사라진 게 조금 아쉽다는 의견도 있어.

이제 기계 타종이라는 현대 기술이, 전통과 어떻게 공존할지 지켜보는 것도 흥미로울 것 같아. 혹시 다음엔 AI 승려 설교까지 등장하려나?

체코에서 7년 걸린 댐 공사, 비버가 2일 만에 끝냄

　비버들이 자기 재주를 살려서 체코 정부의 살림살이를 나아지게 했대ㅋㅋ. 과거, 체코 정부는 수도 프라하 남서쪽의 한 지역에 댐을 건설할 계획이었어. 그런데 건축 허가 문제 때문에 7년 동안 공사가 멈춰 있었지.
　그런데 때마침 근처에 살던 비버 8마리가, 댐을 건설하려던 곳과 거의 비슷한 위치에 뚝딱뚝딱 둑(댐)을 만들어버린 거야. DAM~ 설계도도 없이 무려 2일 만에! 아무튼 비버들 덕분에 정부는 약 18억 원을 아낄 수 있었다고 해~\(˘ ʊ ˘)/
　생태학자 말로는, 비버가 만든 둑은 내구성이 뛰어나서 오래 유지될 거라고. 비버 입장에선 원래 하던 일을 했을 뿐이었지만, 그들 입장에선 개꿀이었쟈냐,.ㅎ 참고로 8마리의 비버 친구들은 둑을 추가로 만들고 있다고 합니다. 정말 기특하고 귀엽지?! ✘ ‿ ✘

일상 속 힐링 게임 '피크민 블룸'

　무한경쟁 속 지친 사람들에게 위로가 되는 게임이 인기를 끌고 있어. 바로, 닌텐도의 '피크민 블룸(Pikmin Bloom)'! 피크민 블룸은 단순히 핸드폰을 들고 걷기만 하면 되는 증강현실 모바일 게임이야. 걸음 수가 많을수록 다양한 모습의 '피크민'을 모을 수 있지.
　이 게임은 2021년 출시됐지만 최근 이용자 수가 급증해서, 지난해 10월 한 달 동안 970% 증가, 11월엔 무려 이용자 40만 명을 넘어섰어. 경쟁이나 과시 없이도 성취감을 느낄 수 있어서, 지친 일상을 보내는 사람들에게 위로가 된 것 같아(˘ ‿ ˘ *). 한 이용자는 "게임 덕분에 매일 산책하며 긍정적인 마음이 생긴다."라고 말했어.
　이런 게 바로 2025년 트렌드 키워드 '아보하(아주 보통의 하루)'와 맞닿아 있는 거 아닐까? 피크민 게임에 너무 몰입해서, 주위를 살피지 않고 걸어가다가는 사고 위험이 있으니, 조심하는 거 잊지 마!

제공. 진로N뉴스. 송미경 기자

'황금팔의 영웅' 하늘의 별이 되다

240만 명의 아기를 살린 전설적인 헌혈 영웅, 제임스 해리슨이 세상을 떠났어. '황금 팔의 사나이'라는 별명답게, 그는 60년 동안 무려 1,173번이나 헌혈하면서 수많은 생명을 살렸지. 2005년에는 '세계 최다 혈장 기증자'로 기네스북에도 올랐어.

특히 해리슨의 혈액에는 '안티-D'라는 특별한 항체가 있었는데, 덕분에 희귀질환인 신생아 용혈병 예방 백신이 개발될 수 있었대. "내가 가진 유일한 재능은 헌혈을 하는 것."이라던 황금 팔의 사나이. 비록 그는 우리 곁을 떠났지만, 그의 따뜻한 마음은 240만 명의 가슴 속에서 영원히 뛰고 있을 거야.

2018년 마지막 헌혈을 하고 있는 제임스 해리슨: nytimes.om

Unsplash의 Scottsdale Mint

그래서 '관세'가 뭔데?

최근 미국 트럼프 대통령이 여기저기 '관세 폭탄선언'을 막 쏟아냈잖아. 그러면 '관세'가 정확히 뭘까?
 관세는 쉽게 말하면 외국에서 들어오는 물건에 붙는 세금이야. 이 세금 때문에 수입품 가격이 확 올라가면, 사람들은 자연스럽게 국산 제품을 더 많이 사게 되지. 그래서 관세는 국내 산업을 보호하거나, 정부 재정을 확보하는 수단이 되기도 해.
 문제는 트럼프 대통령이 "이 나라엔 100%, 저 나라는 유예!" 이러면서 세계 경제 시장을 한순간에 혼란의 늪으로 빠뜨렸다는 거야.. 특히 우리나라처럼 수출(전자제품, 자동차 등등)로 먹고사는 나라는, 트럼프의 말 한마디에 수출길이 막힐 수도 있는 상황ㅠ. 수출 산업이 흔들린다는 건, 곧 우리나라의 일자리 감소, 물가상승에도 영향을 준다는 말이니까, 계속해서 경제 흐름에 관심을 가져야 해!(งᵒ̌^ᵒ̌)ง

'바삭' 소리 안 내고 도리토스 먹는 법

게임할 때 과자 먹는 사람 많지? 근데 남이 '바삭!' 소리 내면 은근 신경 쓰인단 말이지. 나초칩 회사 도리토스는 이걸 해결하려고 AI 기술로 '크런치 캔슬링' 앱 '도리토스 사일런트'를 만들었어ㅋㅋㅋ 원리는 간단함. 과자 씹는 소리를 500명한테 녹음하고 5,000가지 바삭 소리를 AI로 학습시킨 다음, 목소리랑 바삭 소리를 따로 분리해서 소음만 묵음 처리하는 거야. 덕분에 도리토스뿐만 아니라 감자칩, 크래커, 생야채 같은 다른 비슷한 소리도 없앨 수 있대.('0')
 과자 회사의 '자존심(?)'이라고 할 수 있는 바삭한 식감은 살리면서, 소비자들이 불편하게 느끼는 소음만 없애주는 전략이라니! 덕분에 도리토스는 '게임할 때 먹기 좋은 간식'이라는 이미지를 더욱 확실하게 굳혔어. 약점을 기회로 바꾼 도리토스의 영리한 한 수, 인정할 수밖에 없지?

출처. doritos.com

앞으로 협찬 후기 '낚시' 못함

열심히 읽은 후기 글 맨 마지막에 '이 제품은 OO에게 제공받았습니다.'라고 쓰인 홍보미 낭~낭~한 글귀 본 적 있지? 내돈내산인 줄 알고 본 건데, 아주 김이 팍! 새버리쟈나..ㅠ

그런데 12월 1일부터는, 블로그나 카페 같은 곳에 광고, 협찬 같은 홍보 글을 올리려면 제목이나 '게시물 맨 앞'에 꼭 알려야 한대. 그전까지는 게시물의 처음이나 끝에 광고였다고 말하기만 하면 됐거든. 근데 본문이 길고, 맨 뒤에 광고 표시가 돼 있다면, 중간까지 읽고 나간 사람은 광고인 줄 모를 거 아니야.

새 지침을 따르지 않으면 표시광고법으로 처벌받을 수 있어. 공정거래위원회 관계자는 "기만 광고에 따른 소비자의 피해를 예방하고 합리적 선택을 지원할 것으로 기대된다."라고 말했어.

일본에서 100년 만에 돌아온 '경복궁 현판'

경복궁 '선원전(璿源殿)' 현판이 일본에서 100년 만에 돌아왔어. 선원전은 조선시대 궁궐 내에서 역대 왕들의 어진을 봉안하고 의례를 지내던 궁궐 건축물이야. 하지만 일제강점기에 훼손돼 흔적도 없이 사라졌지.

선원전의 이름을 새긴 현판은, 1916년 조선총독부 초대 총독 데라우치 마사타케가 한국을 떠나면서 경복궁의 일부 건축물과 함께 일본으로 반출한 것으로 추정돼. 이후, 일본의 한 건설업자 손에 넘어갔고, 그의 가족이 2023년 12월 고(古)미술 경매에 내놓으면서 존재가 알려지게 됐어.

현판의 존재를 처음 발견한 건 김성연 구스마치 구루시마 다케히코 기념관 관장이야. 재일교포이기도 한 그는, 소장자의 창고에 거꾸로 매달려 있던 거대한 나무판을 발견한 순간 경외심이 들었다고 해. 비전문가가 봐도 조선 왕조의 위엄이 담긴 진품이라는 걸 한눈에 알아본 거지.

국가유산청은 거액을 주고 현판을 긴급 매입해 왔고, 지금은 국립고궁박물관 수장고에 보관돼 있어. 2030년에 선원전이 복원되면 현판도 제자리를 찾아갈 거야!

경복궁 선원전(璿源殿) 편액(현판), 세로 140cm×가로 312cm, 국가유산청

"폭싹 속았수다"

제주 4·3사건 기록물 유네스코 등재

'제주 4·3사건 기록물'이 7년의 노력 끝에 유네스코 세계기록유산에 등재됐어.

제주 4·3사건은 1947년 3월 1일을 기점으로, 1948년 4월 3일에 발생한 소요사태 및 1954년 9월 21일까지 제주도에서 발생한 무력충돌과 진압 과정에서 주민들이 희생당한 사건을 말해. 유네스코는 이 기록물이 "국가 폭력에 의해 희생된 민간인들의 고통과 진실을 담고 있다."라며 등재 이유를 밝혔어.

해방 이후, 무고한 시민들이 대량으로 희생당했던 사건이었지만, '여러 가지 이유'로 오랜 시간 말하지 못하는 역사가 되었어. 그래서였을까? 제주도를 다루는 드라마, 영화, 예능 등의 콘텐츠에는, 제주의 아름다운 풍경은 담겨 있지만, 그 안에 깃든 가슴 아픈 역사는 지워져 있는 경우가 많지. 모든 콘텐츠가 역사를 말해야 하는 건 아니야. 하지만, 때로는 그 아름다움 속에 담긴 진실도 함께 기억했으면 좋겠어. 그 풍경에 담긴 이야기를 알게 될 때, 비로소 진짜 제주의 얼굴이 보일 테니까.

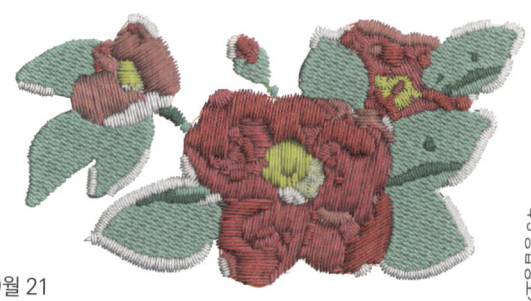

4·3종합정보시스템

폭싹 속았수다
'무척 수고하셨습니다', '정말 수고 많으셨습니다'라는 뜻의 제주도말

소요사태(騷擾事態)
여럿이 떠들썩하게 들고일어나 술렁거리고 소란을 피워 공공질서를 어지럽히거나 위협하는 상황. 또는 그런 일

한밤중 로봇 납치사건… 범인은 '로봇?'

중국 상하이의 한 로봇회사 전시실에서 한밤중에 12대의 로봇이 납치(?)되는 사건이 벌어졌어. 놀랍게도 범인은 바로 같은 '로봇'이었음ㄷㄷ.

CCTV 영상을 보면, 작은 흰색 로봇이 다른 로봇들한테 "아직도 야근하니?"라고 물으니까, 걔네가 "우리는 퇴근하지 않는다."라고 대답해. 이어서 작은 로봇이 "그럼 집에는 갈 수 있니?"라고 질문했고, 다른 로봇들이 "집이 없다."라고 답하자, 흰색 로봇이 "나와 함께 집에 가자."라며 설득을 시작했어. 결국 로봇들이 작은 로봇의 뒤를 줄줄이 따르며 전시실을 빠져나갔지(ㅇㅇㅇ!!!).

사실, 이 사건은 로봇회사가 사전에 계획한 실험이야. 하지만 누리꾼들은 '충분히 일어날 법한 일'이라며 신기해하면서도, 한편으로는 두려워하는 모습이었어. 너넨 어떻게 생각해?

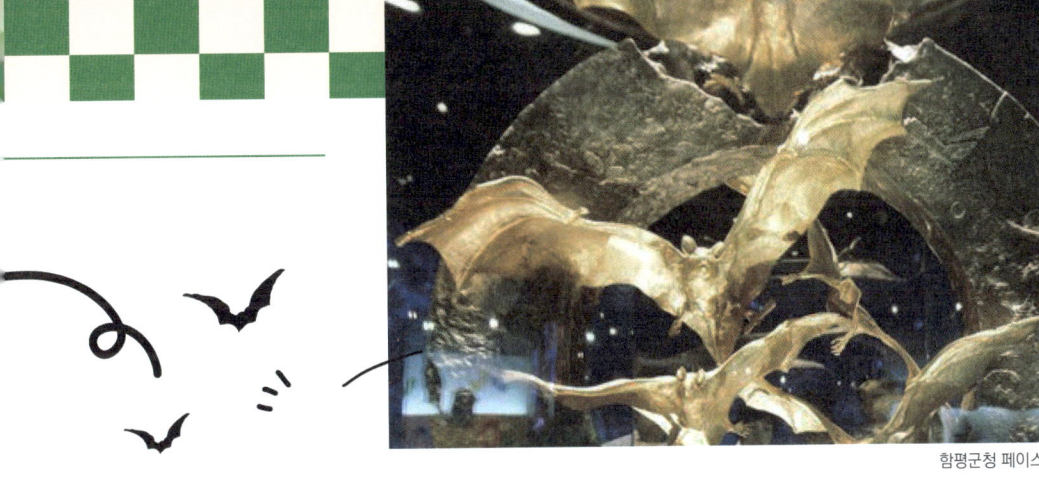

함평군청 페이스북

'황금박쥐 상' 몸값, 28억 ⇒ 261억 폭등

전남 함평군에는 2008년 순금 162kg과 순은 281kg을 들여 만든 '황금박쥐 상'이 있어. 멸종된 줄 알았던 황금박쥐(붉은박쥐)가 집단 서식하는 것이 밝혀지면서, 이를 기념해 28억 원을 들여 제작한 거야.

동상 제작 당시에는 "세금 낭비", "의미 없는 사업"이라며 비판이 많았어. 그런데 최근 미국 트럼프 행정부가 해외 각국에 관세를 부과하고 있잖아? 이렇게 세계 경제 불확실성이 높아질수록, 안전자산인 금을 찾는 사람들이 많아진단 말이지. 실제로 쪼끔 쪼끔씩 오르고 있던 금값이 근래에 엄청 올랐거든. 어느 정도냐고? 처음에 28억이었던 동상이 지금은 261억 원으로 폭등했다고!

애물단지에서 순식간에 효자로 변신한 황금박쥐 상. 앞으로 가치가 얼마나 더 오를지 궁금해지는걸?(흥진미진)

단돈 800원으로 세상을 바꾼 청년

버스를 잘못 타본 적, 누구나 한 번쯤 있을 거야. 내가 탄 버스가 반대 방향으로 가는 걸 뒤늦게 알아차린 순간, 난감했던 기억 말이야. 그런데 단돈 800원으로 이런 불편을 없앤 평범한 청년이 있어.

2011년, 이민호 씨는 어렸을 때부터 방향치였대. 그래서 누구보다 버스 노선을 유심히 살피는 습관이 생겼지. 그러다 보니, 서울 시내의 많은 버스정류장 노선도에 방향 표시가 없다는 걸 알게 됐어.

그래서 그는 서울시 다산콜센터에 버스 방향을 표시해달라는 민원을 요청했어. 하지만 처리되는 시간이 오래 걸리고, 방향 표시가 없는 노선도를 볼 때마다 일일이 전화하기도 쉽지 않았대.

그러자, 그는 스스로 문제를 해결하기로 결심했어. 자전거를 타고 정류장을 하나씩 돌아다니며 빨간 화살표 스티커를 붙이기 시작한 거야. 그러면서 그는 이렇게 말했어.

"스티커 한 장에 화살표 455개가 들어 있는데, 7장이 800원이에요. 800원으로 서울 시민 1,000만 명이 편리해지니, 참 괜찮지 않나요?"

세상을 바꾸는 데에는 특별한 능력이나 거창한 자본이 필요하지 않아. 우리 모두가 주변의 문제를 유심히 관찰하고, 작은 행동으로 큰 변화를 만들어낼 수 있어. 작은 배려와 세심한 실천이 모이면, 평범한 사람도 세상을 바꿀 수 있다는 걸 꼭 기억했으면 좋겠어!

경제

P. 11
1. 컬래버레이션, 협업
2. O, X
3. 예시) 이삭토스트와 포켓몬의 콜라보는 성공작이다. 이삭토스트는 상대적으로 저렴한 가격이라 포켓몬을 좋아하는 어린이와 청소년들이 쉽게 사먹을 수 있는 제품이다. 거기에 주된 소비자들이 좋아하는 캐릭터와 콜라보를 했으므로 소비자들이 부담 없이 많이 사먹으며 콜라보 배지를 모을 수 있다.

P. 13
1. 미투 상품
2. ④
3. 마케팅

P. 15
1. 생산, 유통, 마케팅
2. X, O
3. 수요, 공급

P. 17
1. 경제, 활동
2. X, O
3. 예시) 포켓몬 빵을 생산하는 기업에서 지금보다 훨씬 많은 빵을 생산해서 공급해야 한다.

P. 19
1.

백	두	산	들	조	토
전	이	대	안	언	론
백	왜	가	리	보	수
승	진	울	대	싱	글
리	화	음	악	보	거
호	미	보	상	온	부

P. 21
1.

한	국	민	연	금	조
강	제	소	중	미	정
급	식	득	독	말	년
여	유	임	전	무	퇴
학	교	실	주	연	직
생	활	내	과	장	기

P. 23
1. 로봇세
2. X, O

P. 25
1. 이자
2. ④

P. 27
1. ④
2. 비용
3. 예시) 자동차를 이용하면 편리하게 원하는 곳에 갈 수 있지만, 자동차 배기가스가 대기를 오염시키므로 환경오염을 줄이는 데에 사회적 비용이 들어간다.

P. 29
1. ③
2. 예시) 미국의 영토를 넓혀 대통령의 업적으로 삼으려 하는 것이다. 또는 영토 확장은 단순한 허풍이고, 실제로는 경제적 이득을 노린 계획일 수도 있다.

P. 31
1.

자	국	산	업	의	혹
경	제	**자**	**유**	**무**	**역**
확	**보**	구	역	서	사
수	**호**	실	통	**무**	요
역	**무**	원	지	**력**	금
통	**역**	사	문	**화**	제

P. 33
1. 숏핑
2. O, O, X
3. 예시) 정말 필요한 물건인지 생각하기, 가격을 비교해 보기, 나만의 쇼핑 기준을 세우기

P. 35
1. 자사주, 자사주 매입, 자사주 소각
2. X, O, X
3. 예시) 명품 브랜드가 재고를 불태워 없애는 방법으로 브랜드 가치를 높이는 전략을 사용했다.

P. 37
1. 고정비용
2. O, X
3. ①

P. 39
1.

지	첨	화	소	취	향
구	**성**	**원**	란	**근**	기
인	대	시	가	**로**	등
현	무	암	석	기	불
주	**인**	공	격	**절**	**약**
소	**권**	연	기	술	방

P. 41
1. 앵커 테넌트, 핵심 점포
2. O, X
3. ③

P. 43
1.
2. X, X, O
3. 채권자, 기업회생

P. 45
1. 리디노미네이션
2. ②
3. 예시) 소비자가 제품 가격을 실제보다 저렴하게 느낄 수 있다. 따라서, 기업이 상품 가격을 올리기 쉽다.

P. 47
1. 듀프
2. O, O, X
3. ④

P. 49
1. 인플레이션, 디플레이션
2. ③
3. 성장, 가치

사회문화

P. 53
1. O, X
2. 낮다, 긍정적

P. 55
1. 사물놀이
2. ③
3. 풍물놀이, 사물놀이

P. 57
1. O, X, X
2. 베케이션, 가정집

P. 59
1. 콜로세움, 80, 생활, 문화
2. 1. 세계문화유산인 콜로세움을 놀이동산 (테마파크)처럼 다뤄선 안 된다.
   2. 검투사 경기가 로마의 주요 역사·문화 요소이긴 하지만, 폭력이 배경이기 때문에 체험 주제로 알맞지 않다.

P. 61
1. O, O, X
2. 초판본
3. 희귀한, 물건

P. 63
1. 큐레이터, 도슨트
2. ②
3. 정보, 전달

P. 65

1.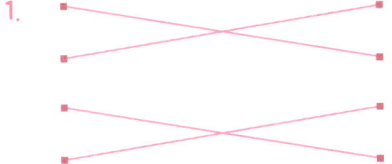
2. O, O, X
3. 고성군

P. 67

1. 미다스, 손, 교훈
2. ③
3. 예시) 어른이 됐을 때 인공지능 분야에서 미다스의 손이 될 수 있도록 과학 공부를 열심히 할 것이다.

P. 69

1. 시청, 권리
2. O, X
3. 예시) 찬성: 더 많은 수익을 위해 기업이 많은 비용을 감수하는 건 당연히 할 수 있는 일이다.
반대: 중계권을 사는 데 외국에 너무 많은 돈을 쓰는 것은 우리나라 경제에 나쁜 영향을 미친다.

P. 71

1.

대	통	과	성	취	진
학	이	목	피	난	로
신	수	학	여	행	복
문	학	생	업	축	원
고	교	학	점	제	사
국	육	생	직	업	무

환경

P. 75

1. 미세 플라스틱
2. ①
3. O, X

P. 77

1. 가치소비, 소비
2. ②-④-①-③
3. 예시) 다회용 텀블러를 지나치게 많이 구입하는 사람들이 많고, 다른 물건을 살 때 사은품으로 다회용 텀블러를 많이 받기도 한다. 환경을 생각해서 텀블러를 사용하는 것인데, 많이 사용하고 그만큼 버리는 것도 많다. 그래서 오히려 환경에 좋지 않은 영향을 줄 수 있다.

P. 79

1. ③, ④
2. ③
3. 예시) 불꽃놀이처럼 시각적인 즐거움을 선사하면서도 불꽃만큼 소리가 크지 않고, 화약을 사용하지 않아 친환경적이다.

P. 81

1. 반려동물 보유세, 세금
2. ③
3. ②

P. 83

1. 사지, 추수감사절
2. ③

P. 85

1.

참	고	수	영	국	민
여	갈	색	연	필	심
복	대	일	기	장	수
구	나	라	자	기	세
체	무	단	기	적	유
적	분	쟁	록	수	엔

2. 예시) 멀쩡하지만 사용하지 않는 물건을 버리지 않고, 당근마켓을 이용해 필요한 이들에게 싼 값에 판매한다. 또한 필요한 물건이 있을 때도 새로 사지 않고, 당근마켓에서 구입한다.

P. 87

1. 화학적 재활용 방식
2. O, O, X
3. 예시) 플라스틱 빨대를 쓰지 않고 음료수를 마신다. 생수를 사먹는 대신, 집에서 물병에 넣어 가지고 온 물을 마신다.

P. 89

1. 시드뱅크, 시드볼트
2. ②, ④
3. X, O

P. 91

1. 탄소
2. ③
3. 예시) 가까운 거리는 자전거를 타고 가거나 걸어간다. 먼 거리는 자동차 대신 버스나 지하철을 타고 이동한다. 사람이 없는 방의 전등을 꺼 둔다.

P. 93

1. ②
2. 대두 모라토리엄
3. 열대우림

과학

P. 97

1. 중력
2. X, X, O
3. 예시) 하늘에서 빗방울이 떨어질 때, 언덕에서 스키를 타고 내려올 때, 강물이 높은 곳에서 낮은 곳으로 흐르는 것 등

P. 99

1. 인프라
2.

3. 예시) 부모님이나 선생님과 함께 사용하고 의심스러운 내용은 어른에게 여쭤보기, AI를 활용해 얻은 결과는 스스로 검증해 보기, 이름, 나이, 위치 등 개인정보에 대한 보호 설정을 꼭 확인하기

P. 101

1. 시력, 후각, 청각
2. ③
3. 예시) 개는 후각이 발달해 시각장애인을 안내하고, 공항에서 마약을 찾고, 숲속을 누비면서 실종자를 탐색할 수 있다.

P. 103
1. 부작용
2. ③
3. X, X, O

P. 105
1. 페이스테크
2. O, O, X
3. ①

P. 107
1. 멸종위기종
2. ④
3. 푸른바다거북의 알은 따뜻한 온도에서는 암컷, 차가운 온도에서는 수컷으로 부화하는데, 지구온난화로 알을 낳는 모래사장의 온도가 높아져서

P. 109
1. 원심력
2. ②
3. 예시) 비에 젖은 우산을 돌리면 빗물이 우산에서 떨어져 나는 것, 디스코 팡팡이 빠르게 회전하면서 몸이 바깥으로 밀리게 되는 것, 세탁기가 돌면서 세탁물 속 물방울들이 힘을 받아 바깥으로 빠지며 탈수가 되는 것 등

P. 111
1. 개량, 관상용
2. ④
3. X, O, X

P. 113
1. 노출, 플라스틱
2. X, O, O
3. ①

P. 115
1.

급	물	살	급	수	술
수	**질**	**환**	우	**빅**	맥
혈	량	자	체	**데**	이
액	신	연	구	**이**	익
체	경	산	수	**터**	전
힘	**통**	**계**	학	문	답

펴낸날 2025년 05월 12일 1판 1쇄

글 어린이 경제신문

편집   진로N (진로엔)
펴낸곳 나이스에듀 (진로N)
출판등록 제 2024-000001호
주소   (21315) 인천 부평구 부평대로 283, A동 115호
전화   1660-0848
이메일   jinronedu@daum.net
홈페이지 www.econi.com 어린이 경제신문
           www.jinron.kr 진로엔뉴스

정가 15,000원
ISBN 979-11-988086-7-7(73700)

copyright©2025 어린이 경제신문 / 진로N

- 이 책을 무단 복사·복제·전재하면 저작권법에 저촉됩니다.
- 이 책 내용의 전부 또는 일부를 이용하려면 반드시
  어린이 경제신문과 진로N의 동의를 받아야 합니다.
- 잘못된 책은 구입하신 곳에서 교환해 드립니다.